순자에게 배우는 처세술

순자에게 배우는 처세술

초판 1쇄 2014년 7월 31일

지은이 | 노학자
옮긴이 | 양성희
펴낸이 | 채주희
펴낸곳 | 해피 & 북스

서울시 마포구 신수동 448-6
대표전화 (02)6401-7004 팩스 (02)323-6416

출판등록 제 10-1562호(1985. 10. 29)

ⓒ 2014 by Elman Publishing Co. 2014, Printed in Korea

ISBN 978-89-5515-536-5
값 13,800원

저자와 협의하여 인지를 생략함.

*무단 전재 및 복제는 금합니다.
*잘못된 책은 바꾸어 드립니다.

> 전심전력으로
> 뜻을 추구하면
> 성공할 수 있다!

동양철학에서 배우는 인문학

순자(荀子)에게 배우는 처세술

노학자 지음 | **양성희** 옮김

해피&북스

머리말 •08
순자의 일생 •12

| 01 | 인간의 노력이 하늘을 이긴다 •17
| 02 | 학문은 성공으로 가는 지름길이다 •23
| 03 | 배운 것을 실제에 응용하라 •29
| 04 | 항상 자신을 뒤돌아보고 반성하라 •35
| 05 | 안락함을 추구하지 말라 •41
| 06 | 벗을 사귀는 데 신중하라 •46
| 07 | 말이 많으면 실수하기 마련이다 •52
| 08 | 중도에 포기하지 않으면 쇠와 돌에도 무늬를 새길 수 있다 •59
| 09 | 경솔함을 멀리하라 •64
| 10 | 영원히 자만하지 말라 •70

| 11 | 마음이 움직이는 것은 몸이 움직이는 것만 못하다 • 75

| 12 | 다른 사람의 비판을 용감하게 받아들이라 • 82

| 13 | 악을 버리고 선을 좇으라 • 87

| 14 | 물질에 지배당하지 말라 • 93

| 15 | 전심전력으로 뜻을 추구하면 성공할 수 있다 • 99

| 16 | 가난해도 큰 뜻을 품고, 부유해도 겸손하라 • 106

| 17 | 단점을 감추고 장점을 드러내면 쉽게 성공할 수 있다 • 113

| 18 | 상황에 따라 굽히거나 나설 줄 아는 처세술 • 119

| 19 | 온화하고 후덕한 인품을 기르라 • 125

| 20 | 자신의 감정에 따라 행동하지 말라 • 130

| 21 | 일이 커지기 전에 미리 막으라 • 136

| 22 | 외모로 사람을 판단하지 말라 • 142

| 23 | 유언비어는 지혜로운 자를 만나 사라진다 • 148

| 24 | 포용력을 기르라 • 154

| 25 | 위기 앞에서 당황하지 말고, 변화 앞에서 놀라지 말라 • 161

| 26 | 화와 복은 상생한다 • 166

| 27 | 신의를 지키는 사람이 되라 • 172

| 28 | 기회를 얻지 못하고 있을 때 • 178

| 29 | 검소함은 미덕이다 • 184

| 30 | 비방에 대처하는 방법 • 190

| 31 | 사람을 판단할 때 한 가지만 기준 삼지 말라 • 196

| 32 | 다투지 않으면 화가 미치지 않는다 • 203

| 33 | 사람은 자신을 아는 지혜를 지녀야 한다 • 211

| 34 | 능력에 맞게 행동하라 • 218

| 35 | 겸손하게 사람을 대하라 • 224

| 36 | 사람은 반드시 주관이 있어야 한다 • 231

| 37 | 일에 앞서 미리 생각하고, 우환에 앞서 미리 대비하라 • 237

| 38 | 하늘을 원망하고 남을 탓하지 말라 • 244

| 39 | 소인이 되지 말고 군자가 되라 • 251

| 40 | 소인에게 예의를 지키되 멀리하라 • 258

머리말

춘추 전국 시대는 중국 역사상 사상思想의 최고 황금기였다. 수많은 학파의 수많은 사상가가 배출되었고 이들은 모두 최고가 되기 위해 치열한 각축을 벌였다. 이러한 각축전은 순자에 이르러 일단의 마침표를 찍었다.

순자는 박학다식하고 다재다능했으며 뛰어난 경륜을 지녔다. 특히 유가의 계승 발전에 기여한 점은 매우 높이 평가되고 있다. 순자는 제자백가를 모두 연구하여 그중 여러 가지 장점을 뽑아 자신만의 완벽한 사상 체계를 만들어 냈다. 순자의 사상 체계는 유가 안에서도 손꼽힌다.

순자는 공자와 맹자처럼 원대한 치국의 포부와 문무지략을 두루 갖추었다. 여러 나라를 돌아다니며 자신의 정치이상을 펼치기 위해 끊임없이 유세를 펼쳤으나, 결국 뜻을 이루지 못했다. 말년에 순자는 초나라 난릉에서 교육과 집필 활동에 집중했다. 그 결과 순자 자신의 평생의 배움을 담은 불후의 명작 『순자』를 완성했다.

현존하는 『순자』는 총 32편으로 한漢나라 유향劉向이 수정 편찬한 것이다. 32편 중 앞의 26편은 순자가 직접 쓴 것이고, 뒤의 6편은 순자의 제자들이 쓴 것이라는 것이 일반적인 견해이다. 『순자』를 전반적으로 평가하면, 개방적인 사고와 관점, 풍부한 내용, 체계적인 구성, 심오한 사상의 깊이 등을 꼽을 수 있다. 내용면에서 보면 정치, 군사, 경제, 교육 등 사회 전반적인 내용을 담고 있으며 각 편마다 순자의 독특한 사상의 깊이를 느낄 수 있다.

순자는 당시로서는 매우 획기적이고 대담한 사상을 펼쳤는데, 바로 "인간의 삶이 하늘에 의해 결정되는 것이 아니며 더 나아가 하늘의 뜻을 이겨낼 수 있다"라는 것이다. '숙명론'이 지배적이었던 전국 시대에 이 같은 견해를 펴기란 결코 쉬운 일이 아니었다. 이것이 바로 순자를 높이 평가하는 이유 중의 하나이다.

인성문제와 관련하여 순자는 "인간의 본성은 악하다"라고 주장했는데, 이것은 맹자가 "인간의 본성은 선하다"라고 주장한 것과 상반되는 견해이다. 순자는 인간의 본성이 악하기 때문에 성인이나 현자의 운명을 타고나는 사람은 없으며 '선'은 인위적으로 만들어지는 것이라고 주장했다. 즉, 후천적인 노력이 있어야 선해질 수 있다는 것이다. 순자의 인성론은 인간의 끊임없는 욕망에서 출발한다. 그렇기 때문에 먼저 부정적인 면을 내세워 인간을 깨우치고 채찍질해야 한다고 말한다. 순자는 오직 노력을 통해서만 선해질 수 있다고 생각했다.

순자는 특히 학습의 중요성을 강조했다. 그는 사람은 무지의 상태에서 태어나며, 오직 후천적인 학습을 통해서 지식을 얻을 수 있다고 생각했다. 순자가 말했던 주옥과 같은 문장은 오늘날까지 수많은 사람들의 입에 오르내리고 있으며, 선진先秦 유학의 마지막 성인인 순자의 지혜와 학식을 엿볼 수 있는 명언 중의 명언이다. 중국 현대 철학자 펑요우란馮友蘭은 "맹자 이후, 유가는 걸출한 인재를 배출하지 못했다. 그리고 순자에 이르러 비로소 새로운 도약을 시작했다"라고 말했다. 청나라의 사상가 탄스통談嗣同은 "순자의

머리말

이론은 이천 년의 역사를 가진 뿌리 깊은 가르침이다"라고 했으며, 중국의 계몽 사상가이자 문학가인 량치차오梁啓超는 "진한 이후, 중국의 정치와 학문은 모두 순자에 기초했다"라고 말했다. 그래서 많은 사람들이 중국 전통 문화를 이해하기 위해서는 반드시 순자에 대해 알아야 하고, 『순자』를 읽어야 한다고 말한다.

   이 책은 『순자』 원전에서 핵심 내용을 발췌하여 현대적 감각으로 재해석한 새로운 '순자의 지혜'이다. 원본 문장 한 편마다 상세한 설명을 곁들이고, 이외에도 동서고금에 두루 통하는 교훈적인 이야기와 필자의 독특한 견해를 덧붙였다. 이 책은 독자 여러분들이 보다 쉽고 빠르게 『순자』의 핵심을 체득할 수 있도록 해 줄 것이다.

노학자
2007년 봄, 베이징의 도서관에서

> 순자의 일생

맹자 이후, 유가 최후의 성인

순자의 이름은 황況, 자는 경卿이다. 전국 시대 말기 조趙나라 사람으로 춘추 전국 시대를 화려하게 수놓은 '백가쟁명百家爭鳴'의 주인공 중 하나이다. 또한 순자는 중국고대의 걸출한 유물주의 사상가이자 교육자였다.

『풍속통의風俗通義』의 기록에 따르면 선왕宣王 시대 제齊나라는 전성기를 구가했다. 선왕은 제나라의 정치적 영향력을 확대하기 위해 천하의 인재를 불러 모아 도읍 임치臨淄에 직하학궁稷下學宮을 세웠다. 여기에는 맹자를 비롯한 이름난 학자들이 모여 융숭한 대접을 받았다. 이때 15살이었던 순자 역시 학문을 닦기 위해 제나라로 갔다.

기원전 286년, 제나라가 송宋나라를 멸망시켰다. 『염철론鹽鐵論』「논유論儒」의 기록에 의하면 제나라 민왕湣王은 무력을 뽐내길 좋아하고 덕치에 따르지 않았다고 한다. 여러 신하들이 끊임없이 간언을 올렸지만 받아들여지지 않자, 수많은 인재들이 제나라를 떠났다. 이때 막 뜻을 세운 순자는 제나라를 위해 제를 올리고 다시 민왕에게 상소를 올렸다.

"남을 이길 수 있는 힘을 가졌더라도 반드시 남을 이기는 도를 따라야 합니다. (…) 지금 강대한 초나라가 제나라 앞을 가로막고 있고, 강대한 연燕나라가 제나라 뒤를 위협하고 있고, 강대한 위魏나라가 좌측을 가로막고 있습니다. (…) 제나라가 무력을 뽐내려 한다면 위의 세 나라가 그 기회를 놓치지 않고 제나라를 침범할 것이니, 반드시 국가 멸망의 위기에 놓일 것입니다."

그러나 순자의 의견은 받아들여지지 않았고, 결국 순자도 제나라를 떠나 초나라로 갔다.

기원전 284년 연, 조, 한韓, 위, 진秦 다섯 나라가 연합하여 제나라를 공격하여 제나라 수도 임치를 함락시켰다. 후에 제나라의 장군 전단田單이 군사를 이끌고 반격하여 다시 국토를 수복했고, 제나라 양왕襄王은 다시 임치에 입성했다. 양왕은 국토를 되찾은 후 선인의 교훈을 받아들여 흩어진 인재를 다시 모아 직하학궁을 재건했고, 이때 순자도 다시 제나라로 돌아왔다. 당시 맹자와 전병 등 선배 학자들은 책을 쓰는 데 몰두하고 있었고 신도와 접자 등은 제나라로 돌아오지 않았기 때문에 순자의 학식과 인품이 최고로 인정받아 직하학궁의 책임자로 임명되었다.

  순자는 제나라에만 머문 것이 아니라 진나라에서도 유세를 했다. 그는 진나라의 정치, 군사, 풍속, 민정 등을 살피고 소왕昭王과 재상 범저范雎에게 수차례 간언을 올렸다. 그러나 진나라는 유가를 숭상하지 않았고 순자의 의견은 결국 받아들여지지 않았다. 또 순자는 조나라에 갔을 때 효성왕孝成王 앞에서 임무군臨武君과 함께 병법에 대해 논하였다. 그러나 효성왕은 결국 순자를 등용하지 않았고, 순자는 다시 제나라로 돌아왔다.

  더욱 안타까운 것은 순자가 제나라에 있는 동안에도 평안하지 않았다는 점이다.『사기史記』「맹순열전孟荀列傳」의 기록에 의하면 당

> 순자의 일생

시 제나라에서는 순자를 비방하는 목소리가 끊이지 않았다고 한다. 그래서 순자는 어쩔 수 없이 다시 제나라를 떠나 초나라로 갔다.

초나라에 간 순자는 난릉령蘭陵令에 임명되었다. 그러나 순자가 관직에 오른 지 얼마 되지 않아 누군가 초나라 재상 춘신군春申君에게 순자가 초나라의 화근이 될 것이라고 모함했다. 그래서 순자는 어쩔 수 없이 초나라를 떠나 조나라로 갔고, 조나라에서 상경上卿에 봉해졌다. 얼마 후 초나라에서는 순자를 다시 불러오자는 분위기가 일어났고, 춘신군도 자신이 경솔하게 행동했던 것을 후회했다. 그래서 춘신군은 다시 순자를 불러들여 난릉령에 봉했다.

기원전 238년, 춘신군이 이원李園에게 죽음을 당하자 순자는 다시 파직되었다. 이후 순자는 난릉에 거처를 정하고 저서 집필에 몰두했고, 불후의 명작 『순자』가 탄생했다.

인간의 노력이 하늘을 이긴다

"천행유상天行有常, 불위요존不爲堯存, 불위걸망不爲桀亡."

순자 · 천론天論

대자연에는 정해진 운행 법칙이 있지만, 이것은 요임금이 현군이기 때문에 존재하는 것이 아니며, 걸임금이 폭군이기 때문에 사라지는 것도 아니다.
하늘은 인간을 지배할 수 없으며, 인간을 조정할 수 있는 것은 바로 자신뿐이다. 누구나 자신의 의지와 상관없이 이 세상에 태어났지만 성공은 분명 그 자신에게 달려 있다. 누구든 자신의 이상을 펼치고 싶다면 반드시 용감하고 끈기 있게 노력해야 하고 숙명론宿命論의 그늘에서 벗어나야 한다.

"생사는 운명이고, 부귀는 하늘이 내린다." 이것이 바로 숙명론의 핵심이다. 인류가 처음 사회를 형성할 당시는 생산능력과 인식 수준이 낙후하여 자연계의 법칙에 대해서도 거의 알지 못했다. 이 때문에 사람들은 '하늘'과 '운명'을 매우 두려워했다.

그리고 곧이어 강력한 통치 집단이 나타나면서 숙명론은 일종의 정신적인 아편으로 이용되었다. 통치자들은 숙명론을 효과적으로 이용하기 위해 최대한 널리 전파했다. 예를 들어 주周나라 무왕武王은 주紂왕을 토벌하면서 "상商나라가 죄악으로 가득 차 하늘의 명을 받아 상왕을 벌한다"라고 주장했다. 그리고 상나라를 멸망시킨 후 다시 "하늘이 상나라의 죄악에 진노하여 나에게 천하를 주었다"라고 말했다. 이후 숙명론은 역대 수많은 제왕들에 의해 계승 발전되었고, 마침내 통치자들은 스스로 하늘의 아들, 즉 '천자'라 칭하기에 이르렀다. 그들은 스스로 모든 복과 부귀를 누릴 운명을 타고 났다고 여기고 이것으로 피지배계급 사람들의 머릿속에 주입시켰다. 이외에 숙명론은 게으른 사람들과 노력하지 않고 실패를 두려워하는 사람들에게 좋은 위안거리가 되기도 했다.

전국 시대의 대사상가 순자는 바로 이 숙명론에 반기를 들고 강하게 비판한 선각자였다. 순자는 「천론」에서 이렇게 말했다.

"대자연에는 정해진 운행 법칙이 있지만, 이것은 요임금이 현군이기 때문에 존재하는 것이 아니며, 걸임금이 폭군이기 때문에 사라지는 것도 아니다."

또한 순자는 태양과 달, 사계의 변화, 홍수와 가뭄 등의 자연 현상에 대해서 상세히 설명하고, 세상의 평화와 혼란이 하늘에 달려 있다는 '치란재천治亂在天' 사상을 강하게 비판했다. 순자는 일월성신, 절기에 따른 기상 변화가 하夏나라 우禹왕 시대에나 걸왕 시대에나 똑같다고 지적했다. 그래서 순자는 세상의 평화와 혼란은 하늘이 좌우하는 것이 아니라 인간의 노력에 의해 만들어지는 것이라고 강조했다. 순자는 또한 이렇게 말했다.

"누구나 부지런히 농사를 짓고 아끼고 절약하면 하늘도 그를 가난하게 만들 수 없다. 누구나 보양에 힘쓰고 부지런히 신체를 단련하면 하늘도 그를 병들게 할 수 없다. 누구나 정해진 규칙과 순서에 따라 일을 처리하고 실수하지 않으면 하늘도 그를 곤경에 빠뜨릴 수 없다."

그러므로 인간의 길흉화복은 모두 하늘에 의해 결정되는 것이 아니라 우리 스스로 무엇을 어떻게 하느냐에 달려 있다는 것이다.

그의 주장은 당시로서는 매우 과감하고 획기적인 것이었다. 순자는 인간의 삶이 하늘에 좌우되는 것이 아니라는 데서 한걸음 더 나아가 인간이 하늘이 정한 운명을 이겨낼 수 있다고 주장했다. 「천론」에 이에 대한 상세한 설명이 나와 있다.

"하늘을 숭배하고 연모하기보다 물자를 비축하고 힘을 모아 하늘을 제압하는 것이 낫다. 하늘에 순종하고 하늘을 찬양하기보다 하늘의 법칙을 정확히 파악하고 이용하는 것이 낫다. 좋은 시기를 바라고 기다리기보다 절기에 적응하고 이용하는 것이 낫다. 만물이 하늘의 힘으로 자라도록 내버려두기보다 우리의 능력을 발휘하여 상황을 개선시키는 것이 낫다. 만물을 자신에게만 유리하게 사용하기보다 합리적으로 이용하여 만물이 지닌 참뜻을 잃지 않게 해야 한다. 만물의 생장 원리에 감탄하기보다 만물의 생장 법칙을 정확히 아는 것이 낫다. 그러므로 노력을 하지 않고 오직 하늘의 은총만을 바라는 것은 자연의 본성에 위배되는 것이다."

지금으로부터 이천 년 전, 전국 시대의 대학자 순자는 자연과 인간의 삶에 대해 이처럼 명확한 인식을 가지고 있었으니 그 위대함에 감탄하지 않을 수 없다.

역사에서 배우기

옛날에 한 농부가 우연히 매 알을 주웠다. 농부는 매 알을 집으로 가져가 닭장 안에 있는 계란 사이에 두었다. 얼마 후 이 알에서 새끼 매가 태어났다.

무럭무럭 자라 어른이 된 매의 모든 행동거지는 다른 닭들과 똑같았다. 닭처럼 꽥꽥 소리 지르고, 가끔 날개를 파닥거리며 공중을 향해 뛰어오르지만 닭처럼 얼마 날지 못하고 떨어졌다. 그리고 닭처럼 땅에 떨어진 곡식 낱알이나 곤충을 잡아먹었다.

어느 날 매는 고개를 들어 하늘을 바라보다가 높은 하늘 위에서 큰 원을 그리며 날고 있는 매를 발견했다. 매가 구름 사이를 뚫고 날아다니는 것을 보며 부러운 듯 옆에 있는 수탉에게 물었다.

"저게 무슨 새니?"

그러자 수탉은 어떻게 그런 것도 모르느냐는 듯한 표정으로 대답했다

"저건 바로 매야. 세상에서 가장 훌륭한 새지."

"정말 대단해! 나도 매처럼 되고 싶어."

그러자 수탉이 한심하다는 듯 말했다.

"꿈 깨! 우리 닭은 매하고는 근본적으로 달라."

이때 매가 꿈을 포기했다면 그는 죽을 때까지 자신이 닭이라고만 생각했을 것이다. 그러나 꿈을 버리지 않고 꾸준히 나는 연습을 했다면 어떻게 되었을까? 오랫동안 닭처럼 살아왔기 때문에 근육이 퇴화하고 날개가 무력해진 상태지만 넘어지고 구르더라도 나는 것을 끝까지 포기하지 않았다면 어떻게 되었을까? 그랬다면 이 매는 결국 닭장을 벗어나 하늘 높

이 날아오를 수 있었을 것이다. 푸른 하늘을 자유롭게 나는 세상에서 가장 위대한 새가 될 수 있었을 것이다.

운명은 하늘에 의해 결정되는 것이 아니다. 운명이란 바로 닭장 속에 떨어진 매 알과 같은 것이다. 스스로 닭처럼 평범하고 무료하고 별 볼 일 없는 삶을 선택할 수도 있고, 매처럼 힘찬 날갯짓으로 찬란한 인생을 선택할 수도 있다.

하늘에는 정해진 절기의 순서가 있고, 땅에는 만물의 기반이 있다. 인간에게는 다스림의 방법이 있으므로 자연과 서로 조화를 이룰 수 있다. 그러므로 자연과 조화를 이룰 수 있는 방법을 버리고, 자연의 은총만을 기대하는 인간은 정말 어리석은 자이다.

순자 · 천론

인간의 노력이 하늘을 이긴다

학문은 성공으로 가는 지름길이다

"학부가이이 學不可以已, 청취지어람 青取之於藍, 이청어람 而青於藍, 빙수위지 冰水爲之, 이한어수 而寒於水."

순자 · 권학 勸學

학문은 멈추지 말아야 한다. 푸른빛은 쪽빛에서 나왔지만, 쪽빛보다 푸르다. 얼음은 물이 얼어서 만들어진 것이지만 물보다 차다.
성공한 사람들은 대부분 해박한 지식과 독창적인 견해, 고상한 말투와 태도를 지니고 있다. 이것은 모두 학습을 통해 얻은 것이다. 그렇기 때문에 학문은 성공으로 가는 지름길이라고 말할 수 있다.

순자는 학습의 중요성에 대해 특히 강조했다. 「권학」 첫머리에 이 점이 분명히 명시되어 있다. 즉, "학습은 절대 멈춰서는 안 된다"라는 것이다.

순자는 학습의 중요성을 사물에 비유했다. "푸른빛은 쪽빛에서 나왔지만, 쪽빛보다 푸르다. 얼음은 물이 얼어서 만들어진 것이지만 물보다 차다"라고 말하기도 했다. 이 말은 남보다 늦게 시작했더라도 열심히 공부하고 노력하면 최고의 자리에 오를 수 있음을 강조한 것이다.

"오나라, 월나라, 이족(夷族, 동쪽 오랑캐-역주), 맥족(貊族, 상고 시대에 요하 부근에 있던 나라-역주)의 아이는 갓 태어났을 때 울음소리가 모두 똑같다. 그러나 어른이 된 후의 이들의 행동과 풍속은 전혀 다르다. 이것은 이들이 자라면서 받은 교육이 다르기 때문이다."

다시 말해 사람은 무지의 상태에서 태어나며, 오직 후천적인 학습을 통해서 지식을 얻을 수 있다는 것이다.

그렇다면 사람은 왜 지식이 있어야 하는가? 순자는 「권학」에서 이 질문에 대해 매우 상세한 답변을 제시했다.

"무지한 것은 발뒤꿈치를 들어 겨우 밖을 바라보지만 아주 조금밖에 볼 수 없는 것과 같다. 반면 지식을 갖추었다는 것은 이렇게 생각할 수 있다. 높은 곳에 오르면 시야가 탁 트여 멀리까지 볼 수 있다. 그리고 높은 곳에 올라 손짓을 하면 팔이 길지 않아도 먼 곳까지 보일 수 있다. 또한 순풍에 고함을 지르면 별로 힘들이지 않고도 멀리 있는 사람에게까지 소리를 전달할 수 있다. 말이나 마차를 탄 사람은 걸음이 빠르지 않아도 하루에 천리를 갈 수 있으며, 배를 탄 사람은 수영을 하지 못해도 큰 강을 건널 수 있다."

지식의 힘은 무한하다. 지식은 우매한 사람을 총명하게 해 주고, 겁쟁이를 용감하게 만들어 주며, 유약한 사람을 강인하게 만들어 주고, 실패한 사람을 다시 성공의 길로 이끌어 준다. 지식은 귀천을 가리지 않고, 누구에게나 평등하다. 누구나 배우려는 마음만 있으면 지식을 얻을 수 있다.

그렇다면 어떻게 해야 지식을 얻을 수 있을까? 이에 대해 순자는

"각고의 노력을 다하려는 정신이 없다면 배워도 지혜를 얻을 수 없다"라고 말한다.

또 순자는 "학문을 하는 데 있어 착실하게 꾸준히 노력하고, 깊이 연구하면 반드시 발전할 수 있다. 학문은 죽을 때까지 멈추지 말아야 한다"라고 했다.

순자는 학문의 성패가 꾸준히 쉬지 않고 매진할 수 있느냐에 달려 있다고 보았다. 열심히 배우고 꾸준히 노력하는 사람만이 성과를 얻을 수 있다.

역사에서 배우기

송렴은 명나라 개국 공신 중에서도 걸출한 인재로 꼽힌다. 그는 학사學士직에 있으면서 명나라 초기의 주요 문화 사업에 참여하고 문물 제도 제정에도 참여하여 태조太祖 주원장朱元璋으로부터 큰 신임을 얻었다.

송렴은 어린 시절 집안이 매우 가난했지만 주경야독하며 결코 학문을 포기하지 않았다. 송렴은 『송동양마생서送東陽馬生序』에 이렇게 기록했다.

"나는 어려서 배움을 좋아하였지만, 집이 너무 가난하여 책을 구해 볼 수가 없었다. 그래서 늘 책이 많은 사람에게 빌려다 볼 수밖에 없었다. 책을 살 돈이 없었기 때문에 최대한 빨리 베껴 적었다. 늘 시간에 쫓기며 정신없이 책을 베껴야 겨우 약속한 날짜에 책을 돌려줄 수 있었다."

송렴은 이런식으로 수많은 지식을 쌓을 수 있었다.

날씨가 아주 추운 어느 겨울 날, 온 세상이 눈과 얼음으로 뒤덮이고 매서운 북풍이 몰아쳤다. 벼루에 풀어놓은 먹이 꽁꽁 얼어버렸지만 집안이 가난하여 등불을 밝힐 기름도 구할 수 없었다. 송렴은 손가락이 얼어붙어 손가락을 구부릴 수도 없었다. 송렴은 이런 상황에서도 학문을 닦아갔다. 빌려온 책을 다 베끼고 제 날짜에 돌려주려면 도저히 게으름을 피울 수가 없었다. 겨우 책을 다 베끼고 나니 날이 이미 어두워졌지만 매서운 추위를 무릅쓰고 한 걸음에 달려가 책을 돌려주었다. 송렴은 이처럼 단 한 번도 단 하루도 약속 날짜를 어긴 적이 없었다. 송렴이 이처럼 신의를 중요시했기 때문에 사람들은 언제나 기꺼이 그에게 책을 빌려 주었다. 이렇게 수많은 책을 두루 접하면서 송렴의 지식은 날로 높아갔고 훗날 커다란 업적을 이루는 데 큰 뒷받침이 되었다.

20살 성년이 된 송렴은 성현의 도에 대한 열망이 나날이 높아졌다. 그러나 그가 살고 있는 가난한 시골 마을에는 훌륭한 스승이 없었다. 그래서 송렴은 어떤 고생도 마다하지 않고 수백 리 길을 걸어가 동향 사람 중 이미 학업적 성취를 이룬 선배들을 찾아가 정중히 가르침을 구했다. 그러나 송렴은 이것이 최상의 방법이 아님을 깨닫고 다시 체계적인 교육을 받을 수 있는 학교를 찾아갔다. 책 수십 권을 등에 지고 짚신을 신고 집을 나선 송렴은 곧 깊은 산속으로 들어갔다. 매서운 겨울바람이 불어와 이리저리 휘청거리며 몸을 가누기도 힘들었다. 산길에는 이미 무릎 높이까지 많은 눈이 쌓여 있었다. 꽁꽁 얼어붙은 송렴의 발은 어느새 살이 갈라져 새빨간 피가 흘러내리고 있었지만, 그는 이미 아무 감각이 없는 상태였다. 학교에 도착했을 때 송렴은 이미 얼어 죽기 일보 직전이었다. 사지가 딱딱하게 굳어 움직이지 않자 사람들이 뜨거운 물을 가져와 그의 몸을 천천히 녹여 주고 따뜻한 이불을 덮어 주었다. 시간이 한참 지나고 나서야 몸의 감각이 돌아오기 시작했다.

그 후에도 송렴은 어려운 상황에서 배움을 이어가기 위해 하루에 두 끼밖에 먹지 못했다. 신선한 채소나 맛있는 고기 요리는 꿈도 꿀 수 없는 고단한 삶이 계속되었다. 송렴과 함께 공부하는 친구들은 모두 화려한 옷을 입고 붉은 턱끈에 보석이 박힌 모자를 썼다. 또 허리에는 옥띠를 두르고 왼쪽에는 보검을 차고 오른쪽에는 향주머니를 찼다. 한 마디로 눈부시게 화려한 차림새였다. 그러나 송렴은 이처럼 화려한 겉치레에는 전혀 관심이 없었고, 그들을 부러워하지도 않았다. 송렴은 늘 한결같은 모습으로 학문에 매진했다. 그는 이렇게 학문에 매진할 때 비로소 무한한 즐거움과 행복을 얻을 수 있었다. 언제나 남들보다 못 먹고, 남들보다 못 입고, 남들보다 누추한 곳에 살았지만, 그는 이런 고생을 당연히 거쳐야 하는 과정이라 생각했다.

송렴은 꾸준히 최선을 다해 학문을 닦은 결과 역사에 길이 남을 위대한 업적을 이루어냈다. 그러나 즐겁고 안락한 삶을 추구했던 그의 친구들 중 역사에 이름을 남긴 사람은 아무도 없었다.

사람들은 흔히 "너무 바빠서 공부할 시간이 없어"라고 입버릇처럼 말한다. 그러나 이것은 게으른 자들의 변명에 불과하다. 중국의 현대 작가 루쉰魯迅은 "시간은 바다에서 샘솟는 물과 같다. 누구든 마음만 먹으면 얻을 수 있다"라고 말했다. 바쁘다는 핑계로 공부를 게을리 하는 것은 정말 안타까운 일이다. 이런 사람들도 최소한 텔레비전을 보거나 게임을 하거나 여행을 가거나 친구들과 만나 수다를 떨 시간을 조금만 아끼면 충분히 책을 읽을 수 있다.

착실하게 꾸준히 노력하면 학문을 깊이 연구하여 반드시 발전을 이룰 수 있다. 학문은 죽음에 이른 뒤에야 멈추게 되는 일이다.

순자 · 권학

배운 것을 실제에 응용하라

"학지어행 지이지의 學至於行之而止矣"

순자 · 유효 儒效

배움은 몸소 실천하는 단계에서 최고의 경지에 오른다는 뜻이다.
우리가 지식을 쌓는 목적은 그것을 실제에 응용하여 올바른 삶을 살기 위해서이다. 지식을 쌓기만 하고 실천하지 않으면 아무리 많은 지식을 쌓았다 해도 한낱 지식의 노예일 뿐이다. 지식은 반드시 실천을 통해 검증되고 걸러져야 더욱 완전하고 진정한 지식으로 거듭날 수 있다.

하루는 순자의 제자 모형 毛亨이 순자에게 이런 질문을 했다.

"스승님, 듣자니 초 楚나라에 장 張씨 성을 가진 선비가 있는데, 넓은 지식을 쌓아 사리에 꼭 맞는 말을 청산유수로 늘어놓는다고 합니다. 하지만 그는 실제로 일을 처리할 때 매우 고루하고 어리석기 짝이 없습니다. 한번은 그 사람이 수리 水利 관련 책을 꼼꼼히 읽고 연구한 뒤 스스로 모든 땅을 비옥한 농지로 만들 수 있다고 호언장담했습니다. 그리고 자신의 생각대로 마을 일대 수리시설을 재정비했습니다. 그러나 얼마 뒤 그가 사방으로 뚫어놓은 물길 때문에 이 마을은 결국 완전히 물에 잠겨 버렸습니다. 스승님, 이렇게 된 원인이 무엇입니까?"

순자는 옅은 미소를 띠우며 이렇게 대답했다.

"듣기만 하고 보지 않으면, 아무리 많이 들어도 잘못을 저지르기 마련이다. 보기만 하고 알지 못하면, 아무리 많이 보아도 일을 그르치기 마련이다."

즉, 듣는 것은 보는 것만 못하다. 따라서 겉으로 똑똑해 보이는 사람도 반드시 실수를 할 수 있다는 말이다. 그러나 보기만 한다고 해서 반드시 아는 것은 아니다. 즉, 분명히 알고 기억하는 것이라도 과오가 있을 수 있다.

우리가 진실이라고 알고 있는 많은 지식과 경험들은 사실인 듯 보이지만 진실이 아닌 경우도 많다. 그렇다면 우리는 어떻게 지식의 진실 여부를 구별할 수 있을까?

"듣는 것이 듣지 않는 것보다 낫고, 보는 것이 듣는 것보다 낫고, 아는 것이 보는 것보다 낫고, 실천하는 것이 아는 것보다 중요하다는 뜻이다. 배움은 몸소 실천하는 단계에서 최고의 경지에 이를 수 있다. 배움을 직접 실천할 때 비로소 완전한 이치를 깨달을 수 있기 때문이다."

다시 말해 지식은 반드시 실천을 통해 검증을 거쳐야 완전한 지식이 될 수 있다는 말이다. 그렇지 않은 지식은 한낱 탁상공론에 지나지 않으며 세상의 비웃음거리가 될 수밖에 없다.

순자의 명언은 많은 사람들에게 반성의 기회를 주는 동시에 목적 없이 오로지 책 읽는 데만 몰두하는 사람들을 비판한다. 이렇게 세상일에 어두운 책벌레들은 그들이 쌓은 지식을 융통성 있게 활용할 줄 모른다. 스스로 사고思考할 줄 모르니 '학이치용學而致用'은 어림도 없다.

우리가 지식을 쌓는 목적은 그것을 실제에 응용하기 위함이다. 배우기만 하고 활용하지 않는 지식은 아무리 훌륭하고 뛰어난 것이라도 무용지물이다.

따라서 '학이치용'은 그 사람의 능력을 키워주고 자질을 향상시켜준다. 또한 '학이치용'은 새로운 배움의 경지로 볼 수 있다. 이 경지에 이르기 위해서는 평소에 부지런히 자신을 단련시켜 자연스럽게 학이치용 습관을 길러야 한다.

역사에서 배우기

전국戰國 시대 조趙나라에 조사趙奢라는 장군이 있었다. 조사에게는 조괄趙括이라는 아들이 있었는데, 어려서부터 병법서 읽기를 매우 좋아했다. 조괄은 병서를 통해 익힌 병법 지식을 바탕으로 사람들과 병법에 대해 이야기하기를 좋아했는데, 아무도 그의 병법 지식을 따르지 못했다. 심지어 조나라의 대장군인 그의 아버지 조사도 말로는 아들을 당해낼 수 없었다. 그러나 조사는 단 한 번도 조괄을 칭찬하지 않았다. 이를 이상히 여긴 아내가 조사에게 울었다.

"우리 아들의 병법 실력이 뛰어나다고 생각하지 않으십니까? 어째서 한 번도 그 아이를 칭찬하지 않으십니까?"

그러자 조사는 이렇게 대답했다.

"허! 당신은 진정 그 이유를 모른단 말이오? 그 아이의 지식은 탁상공론에 지나지 않소. 전쟁은 생사를 겨루는 것이란 말이오. 그러나 조괄은 그것을 너무 쉽게 아무것도 아닌 것처럼 말하고 있지 않소? 훗날 왕께서 절대 그 아이에게 군대를 맡기지 않아야 하는데 걱정이오. 만약 조괄이 군대를 지휘하면 조나라 군대는 반드시 전멸할 것이오!"

한편, 효성왕孝成王이 즉위한 후 조나라는 진秦나라와 긴 전쟁을 치르게 되었다. 이때 조사는 이미 세상을 떠났고, 인상여는 병이 깊어 몸을 가누지 못하는 상태였다. 염파 장군이 군대를 지휘하여 몇 차례 진나라 군대를 격퇴시키긴 했지만, 이후에는 수비로 전환하여 잠시 휴전 상태에 들어갔다. 이때 진나라에서는 일종의 이간법離間法을 이용하기로 하고 다음과 같은 유언비어를 퍼뜨렸다.

"진나라가 가장 두려워하는 것은 조사의 아들 조괄이 조나라의 대장군으로 임명되는 것이다."

과연 조나라 왕은 이 소문을 듣고 당장 조괄로 대장군을 교체하려 했다. 병석에 누워있던 인상여는 이 소식을 듣고 당장 조나라 왕에게 상소를 올려 조괄이 대장군이 되는 것을 반대했다. 인상여 역시 조괄의 지식이 탁상공론일 뿐, 그가 절대 큰 그릇이 되지 못한다는 것을 잘 알고 있었던 것이다.

그러나 이미 마음을 정한 조나라 왕은 인상여의 의견을 무시해 버렸다.

그러자 이번에는 조괄의 어머니가 아들의 출정을 반대하고 나섰다. 이에 조나라 왕은 그녀를 불러 까닭을 물었다.

"너는 아들이 대장군이 된다는데 왜 반대를 하느냐?"

조괄의 어머니는 이렇게 대답했다.

"예전 조사 장군은 병사들과 함께 기쁨과 어려움을 함께 하시며, 상이 있으면 반드시 모든 사람과 함께 나누셨습니다. 그러나 조괄은 감히 그를 쳐다보지도 못할 만큼 병사들에게 두려운 존재일 뿐입니다. 더구나 재물이 생기면 땅을 사고 재산을 늘릴 생각밖에 하지 않습니다. 그 아이는 조금도 제 아비를 닮지 않았습니다. 제발 그 아이를 대장군으로 임명하지 마십시오."

그러나 조나라 왕은 결국 뜻을 굽히지 않았다. 왕은 조괄을 대장군으로 임명하고 군법을 고치고 수하 장군들을 교체하여 군대를 출전시켰다. 이렇게 되자 병법에 정통하다고 스스로 자부해 왔던 조괄의 자만심은 더욱 하늘을 찔렀다. 그러나 그는 단지 남들보다 조금 더 많이 병서를 읽은 글쟁이에 불과할 뿐 실전 경험은 전무했다. 또한 그는 병사들과 피비린내 나는 전쟁의 고통을 함께 나눌 줄 몰랐다. 결과는 어떻게 되었을까?

진나라 대장군 백기白起는 조괄을 맞아 일부러 지는 척 도망치면서 그를 유인했다. 백기는 조괄이 쫓아오는 것을 확인하고 조나라 군대의 후방 식량보급로를 차단했다. 40일이 넘도록 포위망을 뚫지 못한 조나라 군대는 식량이 떨어지자 전의를 상실하고 큰 혼란에 빠졌다. 진나라는 이 기회를 틈타 조괄을 죽이고 조나라 군대를 거의 전멸시켰다. 조나라는 불과 40여 일만에 만 명이 넘는 병사를 잃었다.

남송南宋의 시인 육유陸游는 '동야독서시자冬夜讀書示子'를 지어 아들에게 이렇게 충고했다. "옛 사람들은 학문을 닦는 데 노력을 아끼지 않았고, 젊었을 때부터 노력해서 늙어서야 성과를 이루었다. 책에서 얻은 지식은 결국 완벽하지 않기 때문에 그 일을 알려면 직접 실천해 보아야 한다"라는 뜻이다. 학문은 실제에 응용하지 못하면 결국 무용지물일 뿐이다.

듣지 않음은 이를 듣는 것만 못하다. 듣는다 함은 이를 보는 것만 못하다. 본다 함은 이를 아는 것만 못하다. 안다 함은 이를 행하는 것만 못하다. 배움이란 이를 행하는 데 이르러서 그치는 것이다.

순자 · 유효

배운 것을 실제에 응용하라

항상 자신을 뒤돌아보고 반성하라

"**군자박학**君子博學, **이일참성호기**而日參省乎己, **즉지명이행무과의**則知明而行無過矣."

순자 · 권학勸學

군자는 넓고 깊은 지식을 쌓아야 하며, 매일 있었던 일과 자신을 뒤돌아볼 줄 알아야 지혜가 더욱 밝아지고 잘못된 행동을 하지 않을 수 있다.
반성은 일종의 심리적 활동이다. 당사자가 아닌 방관자가 되어 자신을 평가의 대상으로 보고 제삼자의 입장과 시선으로 자신을 관찰하고 평가하는 것이다. 이것을 통해 앞으로 어떻게 잘못을 고치고 어떤 방향으로 나아가야 할지 분명히 알 수 있다.

순자는
"군자는 넓고 깊은 지식을 쌓아야 하며, 매일 있었던 일과 자신을 뒤돌아 볼 줄 알아야 지혜가 더욱 밝아지고 잘못된 행동을 하지 않을 수 있다"라고 말했다.

순자가 말한 자아성찰이란 올바른 인간으로서 지녀야 할 것 중 하나이다. 모름지기 올바른 인간이 되려면 때때로 자신을 뒤돌아보고 반성할 줄 알아야 한다.

그렇다면 자아성찰은 왜 필요할까? 바로 인간은 완벽한 존재가 아니기 때문이다. 인성이나 지혜 면에서 늘 부족한 부분이 있기 마련이며, 특히 젊은 사람들은 사회 경험이 짧기 때문에 종종 말실수를 하거나 잘못된 행동으로 주변 사람들에게 미움을 받곤 한다. 반성이란 자신을 모니터할 수 있는 일종의 피드백 시스템이다. 이 시스템을 잘 활용하면 자신의 부족한 부분을 적시에 발견할 수 있고, 잘못된 삶의 태도를 조기에 바로 잡을 수 있다. 반성은 자아와 영혼을 깨끗이 씻어 주는 동시에 훌륭한 인품을 기를 수 있는 최선의 방법이다.

순자는 사람이 항상 모든 일에 반성할 수는 없지만 최소한 하루에 한 번은 자신을 돌아보아야 한다고 생각했다. 우리가 옳지 않은 생각이나 인간으로서 해서는 안 될 행동을 했을 경우 비록 다른 사람의 눈을 속일 수는 있어도 절대 자신을 속일 수는 없다. 사실 우리는 사람이기 때문에 실수할 수 있는 것이다. 우리가 잘못된 행동을 하는 것은 여러 가지 외부적인 영향도 크지만 사실 더 중요한 것은 우리가 가진 욕망이 너무 강하기 때문이다. 이런 경우 자주 자신을 반성하는 사람은 이성의 힘으로 일시적인 충동을 억제할 수 있다. 또한 자신이 어떤 행동을 해야 하고 어떤 행동을 하지 말아야 할지를 정확히 판단할 수 있다.

반성은 마음의 거울이다. 우리는 이 거울을 통해 자신의 마음속에 묻은 때를 씻어내야 한다. 그러나 반성이 결코 쉬운 일은 아니다. 그 이유는 스스로 마음속의 때를 인정하고 그것을 씻어낼 수 있는 용기가 없기 때문이다.

반성이란 자아를 인식하고, 자아를 발전시키고, 자아를 더욱 완벽하게 만들어, 자아가 원하는 바를 실현할 수 있는 최상의 방법이다. 순자가 말한 대로 매일 밤 하루를 마감하면서 하루에 한 번만이라도 자신을 되돌아보라. 나는 오늘 무엇을 배웠는가? 오늘 나에게 부족했던 것은 무엇인가? 내가 고쳐야 할 것은 무엇인가? 내가 했던 행동이 모두 옳은 것이었을까? 매일 이렇게 자신의 잘못을 고쳐나가면서 행복을 느낄 수 있다면 훗날 예상치 못한 아주 커다란 결과를 얻게 될 것이다.

반성이란 우리의 모든 언행에 대해 가슴에 손을 얹고 생각하는 것이다. 여기에서 가장 중요한 것은 바로 인성이다. 매일 마음의 거울을 들여다보면 자신이 최근 무엇을 잃고 무엇을 얻었는지 파악하는 데 큰 도움이 된다. 그리고 이것을 통해 앞으로 어떻게 잘못을 고치고 어떤 방향으로 나아가야 할지 분명히 알 수 있다.

반성의 출발점과 방향은 항상 자신을 향해 있어야 한다. 자신의 부족한 점을 발견함으로써 자신의 소질을 더욱 완벽하게 갈고 닦을 수 있을 뿐 아니라, 반성은 원만한 인간관계를 위한 최고의 비법이다. 몇 가지 예를 들어 보자. 자신에게 부족한 점을 생각하다 보면 자연스럽게 화가 가라앉을 것이다. 먼저 자신이 얼마나 노력했는가를 생각해 보고 난 후 다른 사람이 얼마나 노력했는지를 물어 본다. 다른 사람의 단점을 찾으려 하지 말고 자신이 무엇을 잘못했는지 먼저 살펴야 한다. 이상은 모두 훌륭한 자기 반성법이다. 수시로 이렇게 자신을 반성하다 보면 자신의 마음을 편안하게 다스릴 수 있고 원만한 대인관계를 유지할 수 있다.

이외에도 반성의 방법은 여러 가지가 있다. 어떤 사람은 매일 밤 일기를 쓰고, 어떤 사람은 조용히 명상을 한다. 어떤 방법으로든 머릿속에 잠자고 있는 지난 일들을 끄집어내어 다시 한 번 살필 수 있으면 된다.

결국 순자의 반성이란 우리의 사고와 의식, 감정과 태도, 모든 언행을 대상으로 하여 자신을 정확히 인식하고 철저히 분석함으로써 끊임없이 자신을 발전시키는 과정이다.

역사에서 배우기

춘추 시대, 송나라는 한때 정치가 올바른 방향을 잡지 못해 나라 전체가 혼란에 빠졌다. 당시 송나라의 군왕이었던 소공昭公은 백성들과 모든 신하들에게 신임을 잃고 고립무원의 상태에 빠지자 어쩔 수 없이 왕좌를 버리고 도망쳐야 했다.

소공은 도망치는 도중 진지하게 자신을 되돌아보고 깊이 반성해 보았다. 그리고 마부에게 말했다.

"내가 왜 이런 처지가 되었는지 이제야 알겠구나."

"어떤 이유입니까?"

"얼마 전까지 내가 무슨 옷을 입든지 시종들은 항상 멋지다고 말했다. 또 내가 무슨 말을 하든지 대신들은 항상 훌륭하다고 말했다. 그러다 보니 나는 내 잘못을 알지 못했고 결국 이렇게 도망치는 신세가 된 것이다."

그래서 소공은 이때부터 삶의 자세를 완전히 바꾸고 인품 수양에 힘썼다. 이렇게 2년이 지나는 동안 소공의 높은 인품이 송나라 전체에 알려졌다. 송나라 백성들은 모두 소공이 돌아오길 바랐고, 결국 그는 다시 왕위에 올랐다. 소공이란 그가 죽은 후 붙여진 시호諡號이다. 소昭는 분명하다는 뜻을 가진 글자로 소공이 반성을 통해 자신의 잘못을 깨닫고 올바른 길로 돌아왔음을 의미한다.

반성을 하지 않는 사람은 자신의 문제가 무엇인지 알지 못하기 때문에 스스로 구원할 수 있는 기회를 잃게 된다. 반성은 모두에게 아주 거대하고 긍정적인 작용을 일으킨다. 우리는 반성을 함으로써 지혜를 얻을 수 있고, 훨씬 더 진취적으로 발전을 꾀할 수 있기 때문이다.

훌륭한 인품을 보면 반드시 자신에게도 그와 같은 훌륭한 인품이 있는지 진지하게 살필 줄 알아야 한다. 옳지 않은 행동을 보면 반드시 자신에게도 그런 면이 있지 않은지 두려운 마음으로 살필 줄 알아야 한다. 훌륭한 인품을 지녔다면 반드시 끝까지 그 마음을 소중히 지켜야 한다. 반대로 자신에게 잘못이 있으면 반드시 몸이 더럽혀진 것처럼 꺼려야 한다.

순자 · 수신修身

안락함을 추구하지 말라

"차이군자嗟爾君子, 무항안식無恒安息."

순자 · 권학勸學

군자여! 영원히 안락에 빠지지 말라.
우리는 절대 안락함을 추구하지 말아야 한다. 안락함을 추구하는 사람은 웅대한 이상과 포부를 잃고 고난과 역경을 두려워한다. 그렇기 때문에 좌절에 빠졌을 때 쉽게 꿈을 포기해 버린다. 그리고 하루 종일 아무것도 하지 않는 안일한 삶과 쾌락에 빠져든다. 이렇게 되면 더 이상 강인한 의지를 길러낼 수 없고 안일한 삶과 향락에 빠져 결국 화를 불러온다.

인생은

길어야 백 년이다. 이 세상은 우리가 잠시 머무르는 여관일 뿐이며, 시간은 영원한 나그네이다. 아무 생각 없이 그저 하고 싶은 대로, 놀고 싶은 대로 즐기다가 그 즐거움이 다하면 결국 슬픔이 다가온다. 마치 가을바람이 지나간 후 낙엽이 우수수 떨어지는 것처럼 처량한 신세가 될 것이다.

안락함을 추구하는 것은 스스로 미래를 망치는 것과 같다. 사람은 일단 편안하고 즐거운 상황에 처하면 근심 걱정 따위는 금방 잊어버리고 의지가 약해진다. 더 이상 발전을 꾀하지 않고 그냥 되는 대로 하루하루를 보낼 뿐이다. 이런 상황에서는 훗날을 도모하기 위해 노력하고 분투해야 한다는 말이 전혀 먹히지 않는다. 그래서 옛 성현들은 안락함을 추구하고 마음껏 향락을 즐기는 것을 독주에 비유했다. 입안에서는 단맛이 느껴지지만 마시고 나면 죽음에 이른다는 의미이다.

　순자는 『시경』에 나오는 구절을 인용하여 우리를 일깨우고자 했다. 바로 "군자여! 영원히 안락에 빠지지 말라"라는 구절이다.

　순자는 언행일치를 몸소 실천한 진정한 군자였다. 순자는 자신이 말한 것을 그대로 지켜 행동으로 옮겼다. 순자는 15살 때부터 원대한 치국의 포부와 문무지략을 두루 갖추고 열국을 돌아다녔다. 그는 자신의 재능과 포부를 알아줄 군왕을 찾고자 했으나 일이 뜻대로 되지 않았다. 결국 순자의 정치 이상은 현실이 되지 못했다. 그러나 순자는 학술적으로는 확실한 성취를 이뤄 많은 이들로부터 인정받는 대학자가 되었다. 많은 선비와 학자들이 그를 최고의 스승으로 받들었고, 그에게 '경卿'이라는 존칭을 붙여주었다. 특히 순자는 당대 최고의 인재들이 모였던 제나라 직하학궁 주강主講직을 세 번이나 역임했다. 순자는 만년에도 변함없이 안락함을 추구하거나 게으름을 피우지 않고 최선을 다해 후학 양성에 힘썼다. 순자는 평생 수많은 제자를 길러냈는데, 그중 가장 걸출한 인재가 바로 사상가 한비韓非와 정치가 이사李斯이다. 또한 순자는 저술 활동에도 힘써 지금 우리에게 큰 힘을 주는 『순자』가 탄생할 수 있었다.

누구든 일단 안락함에 빠지면 꿈과 이상을 향해 나가려는 진취성을 잃어 결국 자신의 인생을 망치게 된다. 안락함에 빠지지 않으려면 먼저 시간을 소중히 생각해야 한다. 그래야 유한한 우리의 인생을 보다 의미 있게 만들 수 있다. 이 짧은 인생에 오직 안락함만 추구한다면 평생 아무것도 이룰 수 없다. 공자 역시 『논어』에서 이 점을 지적했다.

"배불리 먹고 따뜻한 옷을 입고 편안하게 살면서 배우지 않는 자는 짐승과 다를 것이 없다."

배불리 먹고 하루 종일 아무 일도 하지 않는다면 당연히 의지가 약해질 수밖에 없다. 이런 상황이 오래 지속되면 결국 사회의 암적인 존재가 되어 주변의 모든 사람들에게 멸시 당하게 될 것이다.

역사에서 배우기

삼국 시대, 유비劉備는 유표劉表와 함께 일을 도모한 적이 있었다. 어느 날 유비가 뒷간에 다녀오더니 아주 슬프게 눈물을 흘리기 시작했다. 깜짝 놀란 유표가 이상히 여겨 그 이유를 물으니 유비가 이렇게 대답했다.

"예전에는 온종일 말안장에 올라서 살다시피 지내어 허벅지에 살이 붙을 새가 없었습니다. 그런데 지금은 말을 타지 않으니 허벅지에 다시 살이 올랐습니다. 세월이 유수와 같으니, 이제 늙는 것도 한순간입니다. 하지만 아직 공을 세우지 못했으니 슬플 수밖에요."

진晉나라 도간陶侃은 어려서 부모님을 여의고 궁핍하게 살았다. 후에 범규范逵가 도간을 여강 태수에게 추천해 주어 도간은 벼슬길에 올랐다. 어느 정도 높은 지위에 오른 후 도간은 매일 아침 항아리 100개를 마당에 내놓았다가 저녁이 되면 다시 집안으로 들여놓는 일을 반복했다. 주변 사람들이 도간에게 그 이유를 물으니 그는 이렇게 대답했다.

"나는 중원을 수복하기 위해 최선을 다하려 합니다. 너무 편안한 생활에 빠져 맡은 바 임무를 다하지 못할까 두려워 이렇게 항상 몸을 수고롭게 하는 것입니다."

훗날 도간은 8개 지역을 관할하는 높은 관직에 올라 높은 명성을 떨쳤다.

유비와 도간은 안락함을 멀리해야 큰일을 이룰 수 있다는 진리를 분명히 인식하고 있었기 때문에 스스로 자신과의 약속을 지키기 위해 노력했다. 평생 군대를 이끌고 천하를 누볐던 조조曹操는 '단행가短行歌'에서 이렇게 말했다. "술잔을 들고 노래하네. 인생이 길어야 얼마나 되겠는가? 비유컨대 아침 이슬과 같으니, 이미 가 버린 날들이 너무나 많구나."

남방에 사는 몽구蒙鳩라는 굴뚝새는 자신의 깃털로 둥지를 만든다. 이 새는 자신의 털로 실을 짜서 갈대 이삭을 묶는다. 그러나 바람이 불어 갈대줄기가 끊어지면 둥지 안에 있던 알들이 떨어져 깨지고 새끼들도 떨어져 죽는다. 이것은 둥지를 견고하게 만들지 않았기 때문이 아니라 바람이 갈대줄기를 끊었기 때문이다. 서방의 사간射干이라는 나무는 고산 지역, 특히 깊은 절벽에서 볼 수 있다. 그것은 사간의 줄기가 길어서 잘 보이는 것이 아니라 사간이 환경에 맞게 변화했기 때문인 것이다.

순자·권학

벗을 사귀는 데 신중하라

"**군자거필택향**君子居必擇鄉, **유필취사**游必就士"

순자 · 권학勸學

군자는 마을을 가려 살아야 하고, 친구를 사귐에 현자를 가까이 해야 한다. 『역경易經』에도 이와 비슷한 구절이 있다. "만약 가까이 해서 안 될 사람을 가까이 하면 반드시 내게 해가 미친다"라는 뜻이다. 그러므로 벗을 사귈 때는 신중하여 절대 함부로 친구를 사귀지 말고 반드시 유익한 벗을 사귀어야 한다. 또한 품행이 단정치 못한 사람과도 교류하지 말아야 한다.

순자는 "군자는 마을을 가려 살아야 하고, 친구를 사귐에 현자를 가까이 해야 한다"라는 뜻이다. 군자는 왜 이렇게 해야 할까?

　순자는 이것이 사악한 분위기에 젖어드는 것을 방지하고 바르고 정직한 길로 갈 수 있기 때문이라고 말했다.

　순자의 뛰어난 비유법은 「권학」편에서도 빛을 발한다.

　"쑥은 수풀 속에 자라면 일부러 받쳐 주지 않아도 곧게 자란다.

흰 모래도 더러운 진흙 속에 섞이면 진흙과 똑같아진다. 난의 향기 나는 뿌리를 백지白芷라고 한다. 그러나 백지를 역겨운 냄새가 나는 썩은 물에 담가두면 군자도 가까이 하지 않고, 평범한 사람들도 더 이상 백지에 탄복하지 않는다. 이것은 백지가 본래 아름답지 않기 때문이 아니라, 썩은 물에 잠겼기 때문이다."

즉, 어떤 친구를 가까이 하느냐에 따라 자신의 인품이 달라질 수 있다는 말이다. 그러므로 친구를 사귈 때는 반드시 신중해야 한다.

(1) 유익한 친구를 사귀고 해로운 친구를 멀리하라

순자는 공자의 사상을 계승하여 친구를 사귈 때 반드시 명확한 기준을 세워야 한다고 주장했다. 정직하고, 신의가 있고, 지식이 깊은 친구를 사귀어야 하며 이리 붙었다 저리 붙었다 하는 사람, 앞에서는 아첨하고 뒤에서는 험담을 늘어놓는 사람, 말만 번지르르한 사람들을 멀리해야 한다고 말했다.

가까이 해야 할 친구는 품행이 단정하고, 선량한 마음을 지녀 기꺼이 남을 도울 줄 알고, 항상 노력하고 발전하는 사람이다. 이렇게 유익한 친구를 가까이 하면 살아가면서 큰 도움이 될 것이다.

(2) 친구를 많이 사귀다 보면 옳지 않은 사귐이 있기 마련이다

순자는 친구를 사귀는 데 있어 많은 친구를 사귀는 것보다 깊이 있는 사귐을 중요시했다.

한 사람의 신체적 정신적 에너지에는 분명 한계가 있다. 그러므로 적당한 선택 기준 없이 친구가 많은 것을 자랑으로 여기는 사람은 매일 친구를 만나느라 바쁘다. 친구와 시간을 보내는 데 모든 에너지를 쏟아 붓다 보면 일상생활이나 업무에 지장을 초래할 수도 있다.

친구가 너무 많다 보면 유익한 친구를 가려 사귀기 힘들어진다. 그 많은 친구 중 분명 품행이 단정하지 않거나 선량하지 않은 사람도 있을 것이니, 반드시 그 피해가 자신에게 미칠 것이다.

[3] 군자의 사귐은 물과 같아야 한다

유가의 '중용中庸' 사상에 "군자의 도는 담담하면서 싫어함이 없어야 한다"라는 말이 있다. 순자도 중용에서 언급한 '교우의 도'에 동감하며 "군자의 사귐은 물과 같아야 한다"고 주장했다.

군자의 '교우의 도'는 흐르는 맑은 물처럼 쉬지 않고 끊임없이 멀리 흘러야 한다는 뜻이다. 또한 "간소하면서 고상하고, 온화하면서 사리가 분명하다"라고도 말했다.

역사에서 배우기

증국번曾國藩이 호남에서 용병을 훈련시켜 조직한 상군을 이끌고 태평천국운동을 일으키자, 청나라 조정에서는 이 문제를 놓고 여러 가지 의견이 분분했다. 증국번을 배척하자니 이미 거세게 일어난 태평천국운동을 제압할 사람이 없었고, 증국번을 등용하는 데도 문제가 많았다. 일단 한

족이 군대를 장악하게 되고, 상군은 오로지 증국번 개인의 힘으로 세운 군대였기 때문에 언제든 청나라 조정에 큰 위협이 될 수 있었기 때문이다. 이렇게 여러 가지 의견이 분분한 가운데 청나라 조정은 결국 증국번을 기용하되 너무 많은 실권을 주지 않는 것으로 결정을 내렸다. 한편 증국번 역시 이 문제에 신경이 쓰일 수밖에 없었다. 그가 청나라 조정의 의심에서 벗어나려면 조정 중신의 지지가 절실했다.

그러던 어느 날, 증국번은 호림익胡林翼이 가져온 숙순肅順의 밀서를 받았다. 여기에는 당시 조정에서 가장 유능한 인재로 인정받고 있던 숙순이 서태후에게 증국번을 양강 총독으로 추천했다는 내용이 담겨 있었다. 증국번은 뜻밖의 희소식에 크게 기뻐했다. 당시 청나라는 함풍제咸豊帝가 서거하고 나이 어린 태자가 즉위한 지 얼마 되지 않은 때였다. 함풍제를 받들었던 수많은 조정대신들이 태자를 보필하고 있었으나, 대부분의 실권은 숙순이 장악하고 있었다. 그의 말 한 마디로 모든 것이 정해지고 있었다.

증국번은 당장 숙순에게 감사를 표시하는 답장을 쓰려 붓을 들었다. 그러나 몇 글자 적다가 금방 붓을 멈추었다. 증국번은 숙순의 사람됨을 잘 알고 있었다. 숙순은 고집이 세고 자신의 생각만 옳다고 생각하는 데다 안하무인으로 행동하는 사람이었다. 요즘말로 말하면 잘났지만 너무 잘난 척하여 재수 없는 그런 사람이었던 것이다. 증국번은 다시 서태후에 대해 생각해 보았다. 당시 서태후는 아직 전면으로 나서지는 않은 상태였으나, 그녀 역시 범상치 않은 사람이었다. 증국번은 오랜 인생 경험을 바탕으로 서태후가 야망과 권력에 대한 욕심이 매우 크며 권모술수에 능한 사람임을 간파했다. 숙순의 권력 독점이 과연 얼마나 오래 지속될 수 있을까? 서태후와 숙순이 과연 의기투합할 수 있을까?

증국번은 오랫동안 심사숙고 한 끝에 결국 편지를 쓰지 않기로 했다.

과연 얼마 후 숙순은 서태후에 의해 멸문지화를 당했고, 숙순에게 편지를 보내 아부했던 대신들도 화를 당했으나, 증국번은 다행히 화를 면할 수 있었다.

 벗을 사귈 때는 반드시 엄격한 기준이 있어야 하며 절대 경솔하지 말고 늘 신중해야 한다. 친구를 사귈 때는 반드시 그 친구의 생각, 취미, 기호, 품행 등을 주의 깊게 살펴 유익한 친구가 될 수 있는지 잘 판단해야 한다. 증국번은 '교우의 도'를 잘 알고 있었기에 현명하게 대처할 수 있었다.

군자는 마을을 가려 살아야 하고, 친구를 사귐에 현자를 가까이 해야 한다. 그래야 사악한 분위기에 젖어드는 것을 방지하고 바르고 정직한 길로 갈 수 있다.

순자 · 권학

말이 많으면
실수하기 마련이다

"**언유소화야**言有召禍也"

순자 · 권학勸學

말이 많으면 반드시 화를 불러일으킨다.
말이 많으면 실수하기 마련이다. 한 마디를 하더라도 깊이 생각하지 않고 성급하게 함부로 내뱉으면 그 결과는 백 마디, 천 마디를 해도 되돌리거나 고칠 수 없다. 일단 내뱉은 말은 아무리 뛰어난 천리마로도 쫓아가 바로잡을 수 없다. "기쁠 때 말을 많이 하면 실수하기 쉽고, 슬플 때 말을 많이 하면 예의에 어긋나기 마련이다" 라는 말도 이런 뜻에서 생겨난 것이다.

올바른 삶을 위해서는 말을 할 때 반드시 신중해야 한다. 순자가 말하길 "말이 많으면 반드시 화를 불러일으킨다" 라고 했다.

우리는 평생 수많은 말을 하면서 살아간다. 그러나 말이 너무 많으면 말 속에 여러 가지 문제가 노출될 수밖에 없다. 사물에 대한 태도, 어떤 사건에 대한 생각, 앞으로의 계획 등 자신이 생각하고 있는 여러 가지 문제들이 말 속에 나타난다. 만약 나의 경쟁 상대가 이 모든 것을 간파하고 완벽한 대비책을 세운다면 우리는 절대 상대방을 이길 수 없다. 또한 말이 너무 많으면 자연히 다른 사람과의 관계에도 영향을 미치게 된다.

사람마다 처한 상황이 다르고, 심리 상태나 감정이 다르기 때문에 똑같은 말이라도 장소와 말투에 따라 전달되는 느낌이 완전히 달라진다. 다른 사람의 말을 전달하는 하는 과정에는 항상 전달자의 견해가 들어가기 마련이다. 내가 내뱉은 말을 상대방이 받아들이는 순간 이미 두 사람은 전혀 다른 입장에 설 수밖에 없다. 두 사람 사이에는 여러 가지 오해와 장벽이 생기고 심각한 경우 서로 원수가 되기도 한다. 또한 사람마다 처한 상황이 다르다 보니 말할 때 감정이나 의도가 크게 달라질 수 있다. 예를 들어 기분이 좋을 때는 어떤 일이든 누구의 말이든 모두 자신의 생각과 크게 다르지 않다고 생각하기 때문에 칭찬이나 좋은 말을 많이 하게 된다. 반면 기분이 안 좋을 때는 온갖 불평불만을 늘어놓게 되기 때문에 말이 많아질수록 더 많은 문제를 일으키게 된다.

"기쁠 때 말을 많이 하면 실수하기 쉽고, 슬플 때 말을 많이 하면 예의에 어긋나기 마련이다"라는 말도 이런 뜻에서 생겨난 것이다. 순자 역시 이 점을 간파하고 "모든 화는 입에서 비롯된다"라고 말했다.

그렇다면 어떻게 해야 말에서 비롯되는 화를 방지할 수 있을까?

첫째, 말을 적게 하고 다른 사람의 말에 귀를 기울여야 한다. 그리고 겸허한 마음으로 재능과 학식을 지닌 사람에게 가르침을 구하여 타인의 장점으로 자신의 단점을 보충해야 한다.

둘째, 말을 할 때 신중하고 절대 함부로 아무 말이나 내뱉지 않아야 한다. 그리고 다른 사람에게 세상 물정 모르는 어리석은 사람으로 비춰지지 않도록 해야 한다.

셋째, 말을 할 때는 반드시 시간, 장소, 상황, 대상을 고려해야 한다. 자세한 속사정도 모르고 얄팍한 지식을 내세워 함부로 성급하게 아무 말이나 내뱉으면 상대방의 자존심을 상하게 하는 등 인간관계를 망칠 수 있다.

넷째, 말을 잘 가려야 한다. 해야 할 말만 하고, 하지 말아야 할 말은 절대 삼가야 한다.

역사에서 배우기

남북조 시대, 진晉나라에 하약돈賀若敦이라는 장군이 있었다. 하약돈은 자신이 뛰어난 능력으로 커다란 공적을 세웠다고 자부했으며 동료들보다 낮은 대우를 받는 것을 참지 못했다. 그러던 중 다른 사람이 대장군이 되고 하약돈은 승진하지 못하자 매우 억울해하며 말끝마다 불만을 늘어놓았다.

얼마 뒤 하약돈은 왕명을 받고 상주湘州 전투에 출전하여 큰 공을 세웠다. 하약돈은 당당하게 개선하면서 또 한 번 나라에 큰 공을 세웠으니 분명 큰 상을 받을 수 있을 것이라고 생각했다. 그러나 뜻하지 않은 여러 가지 문제가 겹치면서 하약돈은 오히려 낮은 관직으로 좌천되었다. 이에 큰

불만은 품은 하약돈은 왕명을 전하러 온 전령에게 온갖 불평불만을 퍼부었다.

진공晋公 우문호宇文護가 이 사실을 알고 크게 진노하여 중주中州 자사로 있던 하약돈을 불러들여 자살할 것을 강요했다. 죽음을 앞둔 하약돈은 아들 하약필賀若弼에게 이렇게 말했다.

"나는 강남을 평정하고 나라에 충성을 다하려 했지만 그 뜻을 이루지 못하게 됐다. 네가 이 아비의 뜻을 대신 펼쳐주길 바란다. 이 아비가 이 세 치 혀 때문에 목숨을 잃게 되었으니 너는 절대 이 교훈을 잊지 말아야 한다!"

하약돈은 이렇게 말하고 송곳으로 아들의 혀를 무자비하게 찔렀다. 그는 아들에게 피의 교훈을 남겨 주려 했던 것이다.

하약돈이 세상을 떠나고 어느덧 몇 십 년이 흘렀다. 하약필은 수隋나라의 좌령대장군左領大將軍이 되었다. 그러나 하약필은 아버지가 유언으로 남긴 교훈을 잊고 항상 자신의 관직이 너무 낮다며 불평불만을 늘어놓았다. 심지어 그는 자신이 재상이 되어야 한다고까지 생각했다. 얼마 뒤 하약필은 승진에 실패하고 그가 자신보다 못하다고 생각했던 양소楊素가 상서우부사尙書右仆射로 승진했다. 하약필은 아버지가 남긴 교훈을 저버리고 화를 참지 못한 채 온갖 불평불만을 쏟아냈다.

얼마 뒤 황제가 이 사실을 알고 하약필을 잡아들여 감옥에 가두었다. 황제 양견楊堅은 이렇게 하약필을 꾸짖었다.

"너는 세 가지가 과하다. 첫째, 질투가 과하다. 둘째, 자신만 옳고 다른 사람은 모두 그르다는 생각이 과하다. 셋째, 안하무인격으로 입에서 나오는 대로 함부로 지껄이는 것이 과하다."

하약필은 그간의 공이 있어 다행히 석방되었다. 그러나 여전히 자신의 잘못을 깨닫지 못하고 사람들에게 자신과 황태자가 친밀한 관계라고 허풍을 떨고 다녔다.

"황태자 양용楊勇과 나는 우정이 깊고 친밀한 사이라네. 그래서 아주 중요한 국가 기밀까지도 다 말해준다네."

얼마 뒤 양용이 수 문제文帝의 득세로 폐위되고, 양광楊廣이 새로 황태자에 책봉되자, 하약필은 다시 곤경에 빠졌다. 수 문제는 하약필이 양용과의 관계에 대해 떠벌리고 다닌 풍문을 듣고 당장 그를 불러들였다.

"내가 고영高熲과 양소를 재상으로 임명하려 한다. 그런데 자네가 사람들 앞에서 감히 '고영과 양소는 밥만 먹을 줄 알지 아무것도 할 줄 모른다'고 말했다고 들었다. 이게 무슨 뜻이냐? 그렇다면 이 두 사람을 기용한 황제인 나도 쓸모없는 인간인 것이냐?"

하약필은 이렇게 대답했다.

"고영은 저의 오랜 친구이고, 양소는 제 외삼촌의 아들입니다. 저는 두 사람을 잘 알고 있기 때문에 그들이 재상으로 적합하지 않다고 말한 것입니다."

하약필은 끝까지 함부로 입을 놀리는 바람에 결국 수많은 사람들에게 미움을 사고 말았다. 조정 대신들은 모두 하약필이 또 무슨 말을 할지 몰라 두려운 마음에 그를 헐뜯기 시작했다. 대신들은 하약필이 지난날 조정에 대해 불평했던 말들을 들추어 내며 그를 죽여야 한다고 주장했다. 수 문제는 하약필의 대답을 듣고 이렇게 말했다.

"대신들 모두 그대를 아주 싫어하고 있다. 모두 법에 따라 엄히 다스려야 한다고 주장하고 있다. 네가 살아야 할 마땅한 이유를 댈 수 있겠느냐?"

하약필은 자신을 변호하기 시작했다.

"저는 예전에 폐하의 신임을 얻어 군사 팔천을 이끌고 장강을 건너가 진숙보陳叔寶를 잡아왔습니다. 부디 지난날의 공적을 봐서라도 목숨만은 살려주십시오."

이에 수 문제는 이렇게 대답했다.

"그대가 진나라로 출정하면서 고영에게 '진숙보가 망하고 나면 우리 공신들은 더 이상 쓸모없으니 버림받지 않겠는가?'라고 말했고, 이에 고영이 '내가 보증하건데 폐하는 절대 그러실 분이 아니네'라고 말했다지. 맞는가? 진나라가 멸망한 뒤 자네는 내사內史직과 부사仆射직을 요구했네. 이것만으로도 지난날의 공적에 대한 보상이 너무 과한데 어찌하여 그 일을 또 들먹이는가?"

하약필은 다시 한 번 애걸했다.

"저는 확실히 폐하의 크나큰 은혜를 받았습니다. 오늘 한 번 더 은혜를 베푸시어 목숨만은 살려주십시오."

수 문제는 며칠 간 고민하다가 하약필의 지난 공적을 생각하여 관직을 박탈하는 것으로 그쳤다. 이후로 하약필은 두 번 다시 다른 사람을 비난하지 않았다.

『인경忍經』에 이런 구절이 있다. "백옥은 부서져도 다시 갈면 광채를 되찾을 수 있지만 사람이 내뱉은 말은 어떤 방법으로도 되돌릴 수 없다. 그래서 옛사람들은 한 번 내뱉은 말은 천리마로도 쫓을 수 없다라고 말했으니, 어찌하여 스스로 말을 참고 줄이지 않는가?"

말은 생각지 못한 화를 불러일으킬 수 있다. 행동을 조심하지 않으면 뜻밖의 곤욕을 당할 수도 있다. 그러므로 군자는 자신의 위치에서 항상 조심스럽게 행동해야 한다.

순자 · 권학

08. 중도에 포기하지 않으면 쇠와 돌에도 무늬를 새길 수 있다

"계이불사 鍥而不舍, 금석가루 金石可鏤"

순자 · 권학勸學

무늬를 새길 때 끝까지 포기하지 않으면 아무리 단단한 쇠붙이나 돌덩이라도 무늬를 새길 수 있다.

누구든 성공을 얻으려면 반드시 끝까지 초심을 잃지 않아야 원하는 바를 이룰 수 있다. 자신이 원하는 목표를 실현하기 위해 가장 중요한 것은 바로 꾸준한 노력이다. 결과물은 모두 게으름 피우지 않고 꾸준히 노력해 얻을 수 있는 것이다. 그러나 노력을 모르는 사람들은 조금 해 보다가 힘들면 바로 포기해 버리기 때문에 어떤 일을 해도 성공하지 못한다.

한순간의 열정만으로는 큰일을 이룰 수 없다. 작은 물방울이 돌을 뚫고 쇠몽둥이를 바늘로 만들려면 오랜 시간 꾸준히 노력해야 한다. 자신이 원하는 목표를 실현하기 위해 가장 중요한 것은 바로 꾸준한 노력이다.

맹자가 직하학궁의 주강 직을 맡고 있을 때 순자에게 이런 가르침을 준 적이 있었다.

"어떤 일이든 한 우물을 파야 한다. 또한 아무리 파도 샘물이 나오지 않는다고 쉽게 포기해 버리면 그때까지의 노력이 모두 물거품이 된다."

우물을 파는 목적은 샘물을 얻기 위함이다. 샘물을 얻지 못하면 목적을 달성하지 못한 것이다. 한참이나 파내려 갔는데 그냥 포기하면 처음부터 아니함만 못한 것이 된다. 맹자는 우물 파기를 예로 들어 순자에게 어떤 일이든 꾸준히 노력하고 절대 중도포기해서는 안 된다는 가르침을 주었던 것이다.

훗날 순자가 직하학궁의 주강이 되었을 때 그 역시 한비에게 이와 비슷한 가르침을 전했다.

"반걸음, 한 걸음의 노력이 쌓이지 않으면 천리 밖에 도달할 수 없다. 작은 시내가 모이지 않으면 커다란 강과 바다가 만들어질 수 없다. 천리마라도 한 걸음만으로 천리를 갈 수는 없으며 노쇠한 말이라도 몇날 며칠 쉬지 않고 달리면 천리를 갈 수 있는 법이니, 포기하지 않으면 반드시 성공할 수 있다. 조각을 할 때도 마찬가지이다. 중도포기하면 썩은 나무도 파지 못할 것이고, 꾸준히 노력하면 아무리 단단한 쇠붙이나 돌덩이에도 무늬를 새길 수 있다."

순자가 또한 말하길 "반걸음, 반걸음 쉬지 않고 걸어가면 절름발이라도 천리를 갈 수 있고, 한 줌 흙이라도 끊임없이 쌓으면 언덕을 만들 수 있다"라고 했다.

결과물은 모두 게으름 피우지 않고 꾸준히 노력해 얻을 수 있는 것이다. 여기에서 순자는 우리에게 어떤 일이든 꾸준히 노력하면 최후의 승리를 얻을 수 있음을 말해주고 있다. 그러나 노력을 모르는 사람들은 조금 해 보다가 힘들면 바로 포기해 버리기 때문에 어떤 일을 해도 성공하지 못한다.

역사에서 배우기

노벨Nobel은 1833년 스웨덴 스톡홀름에서 태어났다. 발명가 집안에서 태어난 노벨은 어려서부터 열심히 공부하여 러시아 어와 스웨덴 어는 물론이고 영어, 프랑스어, 독일어에도 능통했다. 노벨은 상트페테르부르크에서 난생 처음으로 니트로글리세린을 접했고, 이때부터 니트로글리세린의 폭발력에 주목하기 시작했다. 그리고 곧 힘겨운 폭약 연구의 길로 접어들었다.

노벨은 니트로글리세린의 폭발 기폭제를 찾기 위해 고심했다. 이 과정에서 노벨은 수많은 실패를 거듭했고 가족들조차 그가 바보같이 고집스럽다고 비웃었다. 그러나 노벨은 초조해 하거나 낙심하지 않고 더욱 열심히 노력했다. 그는 실패의 원인을 철저히 분석하는 한편 포기하지 않고 다시 실험에 실험을 반복하며 연구에 박차를 가했다. 그리고 마침내 소량의 화약으로 니트로글리세린을 폭발시킬 수 있는 방법을 찾아냈다. 노벨은 이 기술로 첫 번째 특허권을 따냈다.

1867년 노벨은 뇌홍이라는 것을 기폭제로 사용하기 시작하면서 다시 수없이 많은 실패를 반복했다. 그리고 이 실험이 성공하던 그날 엄청난 굉음과 함께 노벨의 실험실은 흔적도 없이 사라졌다. 이 사고로 노벨 자신도 큰 상처를 입었다. 그러나 노벨은 이렇게 피 흘린 대가로 성공을 얻었다. 바로 뇌관의 발명이다.

  이후 더 끔찍한 사고가 있었다. 스톡홀름 노벨의 집 근처에 있는 실험실에서 큰 폭발 사고가 일어나 연구원 5명이 목숨을 잃었다. 다행히 노벨은 실험실에 있지 않아 화를 모면했다. 그러나 노벨은 이 사고로 커다란 마음의 상처를 받았고 그는 자신이 가고 있는 길이 과연 옳은 길인지 다시 생각하기 시작했다. 이미 수많은 사람들이 노벨의 연구를 비난하고 있었다. 심지어 그의 가족들조차 위험한 실험을 중단하라고 충고했다. 그러나 노벨은 도저히 포기할 수 없었다. 결국 노벨은 다시 한 번 굳은 결심을 하고 니트로글리세린 폭발 연구에 박차를 가하기 시작했다. 이즈음 노벨은 폭약이 인류에게 줄 수 있는 긍정적인 면에 깊은 관심을 갖고 있었다. 노벨은 끊임없는 노력 끝에 드디어 니트로글리세린의 실용화에 성공했고 곧 크게 사업을 일으켰다.

성공에 있어 가장 큰 금기사항은 바로 포기이다. 어떤 일이든 처음부터 끝까지 순조롭게 진행되는 일은 없다. 항상 곳곳에서 예상치 못한 난관에 부딪친다. 이 순간 가장 필요한 것은 변함없이 초심을 유지하는 것이다. 끝까지 포기하지 않고 일을 진행시키면 반드시 성공의 땅을 밟게 될 것이다.

어둠 속에서 벗어날 의지가 없는 자는 세상에 알려질 명성이 없고, 묵묵히 정성들여 일하지 않는 자는 혁혁히 빛나는 공이 없다. 두 갈래 길에서 헤매는 자는 가려는 곳에 이르지 못하고, 두 군주를 섬기는 자는 어느 쪽에도 용납되지 않는다.

순자 · 권학

중도에 포기하지 않으면 쇠와 돌에도 무늬를 새길 수 있다

중도에 포기하지 않으면 쇠와 돌에도 무늬를 새길 수 있다 | 63

경솔함을 멀리하라

"해팔궤이이오蟹八跪而二螯, 비사선지혈非蛇蟬之穴, 무가기탁지無可寄托者, 용심조야用心躁也."

순자 · 권학勸學

게는 다리 8개와 집게발 2개가 있지만 뱀이나 지렁이처럼 동굴을 파지는 못한다. 게가 안식처를 갖지 못하는 것은 조급하고 경솔하여 한 가지 일에 몰두하지 못하기 때문이다.
어떤 일을 하든 조급함을 경계해야 한다. 조급함은 마음을 들뜨게 만들고, 들뜬 마음으로는 사물의 안까지 들여다볼 수 없고 일의 진행 방향과 속사정을 알 수 없으므로, 본질을 정확히 파악할 수 없다. 경솔하고 조급한 마음으로는 일을 제대로 처리할 수 없으니 자연히 실수가 많아진다.

순자는 「권학」에서 이렇게 말했다.

"지렁이는 날카로운 발톱이나 이빨, 단단한 뼈나 근육은 없지만 땅 속으로 파고들어 흙을 먹어 치우고, 지하 깊은 곳의 샘물을 마실 수 있다. 이것은 지렁이가 한 가지 일에 전심전력하기 때문에 가능한 것이다. 게는 다리 8개와 집게발 2개가 있지만 뱀이나 지렁이처럼 동굴을 파지는 못한다. 게가 안식처를 갖지 못하는 것은 조급하고 경솔하여 한 가지 일에 몰두하지 못하기 때문이다."

순자는 조급하고 경솔한 사람은 침착하게 일을 처리하지 못하여 어떤 일도 이룰 수 없다고 말했다. 사람은 초조해 할수록 성공하기 힘들다. 초조함은 정신을 맑게 하는 데 방해가 되고, 결국 일을 진행하는 과정에서 조급한 마음이 앞서 실패를 초래하게 된다. 그러므로 어떤 일을 하든지 조급함을 멀리해야 한다.

다음은 조급함을 멀리하기 위해 주의해야 할 점들이다.

(1) 지나치게 높은 이상을 추구하지 말라

지나치게 높은 이상이란 현실을 고려하지 않고 지나치게 원대한 목표를 추구하는 것을 의미한다. 이처럼 주제넘게 높은 곳만 바라보는 사람은 항상 멀리 있는 목표만을 바라본다. 큰일은 처리할 능력은 없고 작은 일은 하지 않으려 하기 때문에 늘 꿈속에 살아갈 뿐 실제로는 아무것도 이루지 못한다. 사람마다 능력의 정도가 다르기 때문에 각기 능력에 맞는 일을 찾아 확실한 목표와 방향을 세워야 한다. 만약 객관적으로 조건이 불충분하다면 목표를 낮추어 자신의 능력에 맞는 목표와 방향을 선택할 수 있어야 한다. 이와 반대로 오로지 높은 이상만을 추구하면서 현실성을 전혀 고려하지 않는다면 영원히 성공을 거머쥘 수 없다.

(2) 쓸데없는 고민에 얽매이지 말라

어떤 일을 하든지 쓸데없는 고민 때문에 마음이 어지럽다면 아무

일도 할 수 없다. 마음을 어지럽히지 않기 위해서는 조금 더 강한 인내심이 필요하다. 마음을 가라앉히고 자신의 상황을 분명히 인식하고 침착하게 기회를 기다려야 한다. 이렇게 해야 장기적인 안목으로 보다 자신에게 적합한 목표를 찾을 수 있다.

(3) 꾸준히 노력하라

확실한 목표를 세운 후에는 조급해 하지 말고 한 걸음씩 순서에 맞게 착실히 일을 진행해야 한다. 꾸준히 노력하면 어떤 일이든 잘 해낼 수 있고 자신의 최종 목표를 이뤄낼 수 있다.

(4) 조급함을 희망으로 바꾸어라

조급한 마음을 조금씩 가라앉혀 이것을 희망으로 바꿀 수 있어야 한다. 성공에 대한 희망은 우리가 성공을 향해 나아가는 데 있어 아주 큰 도움이 되기 때문이다.

이 부분에서 순자는 우리에게 이상을 실현하기 위해서는 반드시 조급함을 멀리해야 한다고 강조하고 있다. 그러므로 우리는 모든 일에는 반드시 정해진 순서와 절차가 있으니 서두르면 오히려 일을 망칠 수 있음을 분명히 깨달아야 한다. 조급함을 멀리하기 위해서는 꾸준히 노력하고, 겸손한 자세와 침착함을 잃지 않아야 한다.

조급함을 억제하는 일은 우리가 성공을 얻기 위해 치러야 하는 고난의 과정이다. 이런 과정을 거쳐야만 비로소 참을성과 의지력을 키워 한 걸음 한 걸음 성공에 가까이 다가갈 수 있다. 또한 온갖 유혹을 이겨내고 방황하지 않을 수 있으며, 최종 목적지에 도달하기 위한 세부 목표를 세울 수 있다. 이렇게 작은 목표를 하나씩 달성하다 보면 반드시 최후의 승리를 얻을 수 있다.

역사에서 배우기

옛날 한 사찰에 절 마당에 쌓인 낙엽 치우는 일을 맡은 스님이 있었다. 매일 이른 새벽에 일어나는 일은 정말 고통스러웠다. 특히 가을겨울에는 바람이 거세기 때문에 매일 치워야 할 낙엽이 산더미처럼 쌓였다. 매일 아침 절 마당에 쌓인 낙엽을 다 치우다 보면 몇 시간이 금세 지나가곤 했으니, 스님은 너무 힘들고 고달팠다. 그래서 스님은 좀더 쉬운 방법이 없을까 고민하기 시작했다.

이때 다른 스님이 이 스님에게 방법을 알려 주었다.

"내일 아침 마당을 쓸기 전에 먼저 힘껏 나무를 흔들어 나뭇잎을 전부 떨어뜨리게. 그러면 모레부터는 낙엽을 쓸 필요가 없을 것이네."

스님은 이것을 아주 좋은 방법이라 여겨 다음날 아침엔 평소보다 조금 더 일찍 일어났다. 스님은 먼저 있는 힘껏 나무를 흔들고 며칠 후 낙엽까지 모두 깨끗이 쓸어냈다. 낙엽을 모두 쓸어내고 난 스님은 하루 종일 기분이 너무 좋았다.

그러나 다음 날 아침 마당에 나온 스님은 너무 놀라 입을 다물 수가 없었다. 절 마당에는 평소와 다름없이 낙엽이 수북이 쌓여 있었기 때문이다.

이때 나이 지긋한 스님이 다가와 말했다.

"정말 어리석구나. 네가 오늘 아무리 용을 써도 내일 또 다시 내일의 낙엽이 쌓일 것이다."

낙엽 치우는 스님은 그때서야 어떤 일이든 조급히 하면 안 된다는 도리를 깨달았다. 오직 꾸준히 노력해야만 일을 잘 처리할 수 있으며 이것이 바로 인생의 진리인 것이다.

어떤 일이든 쓸데없는 정력을 낭비해 가면서 성급하게 일을 처리하려 하면 반드시 자신을 망치게 된다. 경솔함을 멀리하는 일은 쉬운 일이 아니다. 반드시 강인한 의지가 있어야만 가능하다. 그러나 결단력과 자신감만 있다면 불가능한 일도 아니다.

화살 백 발을 쏘다가 한 발을 실패하더라도 뛰어난 사수라고 말하기가 어렵다. 천리 길에 반걸음만 못 미치더라도 뛰어난 기수라고 말하기가 어렵다. 윤리 기강의 유례에 밝지 못하고 인의의 도가 하나로 관철되지 못한다면 훌륭한 학자라고 하기가 어렵다.

순자 · 권학

경솔함을 멀리하라

영원히 자만하지 말라

"학불가이이 學不可以已."

순자 · 권학勸學

학문은 멈추지 말아야 한다.
배움에는 끝이 없으니, 배우는 자는 절대 자만하지 말아야 한다. 그렇지 않으면 더 새롭고 폭넓은 지식을 얻을 수 없다. 세상을 살아가는 도리 또한 이와 같다. 자만심은 인간을 득의양양하게 만들어 그 자리에 주저앉게 만들고 때로는 퇴보시킨다.

총명한 한비는 순자가 매우 아꼈던 제자 중 하나였다. 순자 밑에서 어느 정도 학문을 닦은 한비는 자신이 충분한 학식을 쌓았기 때문에 스승 곁을 떠나 군왕을 보좌할 수 있을 것이라 생각했다.

한비는 자신의 생각을 순자에게 말했으나, 순자는 여기에 대해서는 가타부타 말하지 않고 한비에게 옛 이야기를 들려주었다.

공자가 노魯나라 환공桓公의 묘를 참관했을 때의 일이다. 공자는 그곳에서 비스듬히 기울어져 있는 그릇을 보고 관리인에게 물었다.

"저것이 무슨 그릇이오?"

관리인은 "이것은 군왕께서 왕좌 오른편에 놓아두고 스스로를 일깨우던 그릇입니다"라고 대답했다.

"나도 앉은 자리 오른쪽에 그릇을 놓아둔다는 이야기를 들은 적이 있다. 이 그릇은 비어 있을 땐 이렇게 기울어지고, 반쯤 채워지면 수평이 되고, 가득 채우면 엎어지는 것이다."

공자는 말을 마치고 뒤로 돌아 제자들을 향해 말했다.

"이 그릇 안에 물을 채워라!"

공자의 제자들은 물을 길어다 그릇에 붓기 시작했다. 물이 반쯤 채워지자 그릇은 수평이 되었고, 물이 가득 채워지자 그릇이 엎어졌다. 이 그릇은 비어 있을 때만 비스듬히 기울어지는 것이다.

공자는 다시 제자들을 향해 큰 목소리로 말했다.

"보아라! 세상 모든 것은 가득 차면 엎어지기 마련이다."

한비는 순자의 이야기를 들으며 얼굴이 빨갛게 달아올랐다. 한비는 스승이 자신의 오만함을 꾸짖는 것임을 잘 알고 있었다.

순자는 엄한 표정을 지으며 "학문은 멈추지 말아야 한다"라고 말했다. 한비는 당장 스승에게 용서를 구하고 다시 겸허한 마음으로 학문에 매진했다.

자만심에 가득 찬 사람은 자신이 이룬 성과에 만족하고 우쭐하기 십상이다. 오직 자신의 생각만 옳다고 생각하고 그 자리에 주저앉는다. 그리하여 자만심은 인간의 진취적인 정신을 사라지게 만든다.

순자는 우리에게 영원히 자만심에 빠지지 말라는 가르침을 주었다. 스스로가 훌륭하다고 생각하는 것은 무지한 것과 같다. 이런 생각을 가진 사람은 아무것도 모르는 바보처럼 순간의 즐거움에 행복해한다. 하지만 결국 이들에게 상처뿐인 오명이 남겨질 뿐이다.

우리 주변에는 이렇게 자만심에 빠진 자들이 아주 많다. 이들은 늘 다른 사람의 단점을 지적하는 것을 좋아한다. "이것은 좋은 방법이 아니야." "그것은 그렇게 하면 안 돼." 마치 자신은 뭐든지 잘 할 수 있고 세상의 모든 도리를 알고 있는 것처럼 말한다. 그러나 이것은 지나친 자만심일 뿐이다. 이들이 이렇게 아는 척을 하는 것은 사실 남들에게 무시당할까 두렵기 때문이다. 그래서 이런 방법으로 자신을 드러내고 자신의 지위를 높이려 하는 것이다. 하지만 이렇게 행동해서 얻는 것은 결국 미움과 혐오감뿐이다.

역사에서 배우기

남은南隱 선사는 일본 메이지 시대의 유명한 스님이다. 어느 날, 한 대학 교수가 선의 가르침을 구하기 위해 특별히 남은 선사를 찾아왔다. 남은 선사는 먼저 교수에게 차를 대접했다. 남은 선사는 교수의 찻잔에 차를 따르기 시작했는데, 찻잔이 가득 차 넘치는 데도 멈추지 않고 계속 차를 따랐다. 교수는 깜짝 놀라 남은 선사를 쳐다보았으나, 찻잔은 계속 흘러 넘쳤다. 초조해진 교수가 더는 참지 못하고 입을 열었다.

"찻잔이 가득 차 넘치고 있습니다. 그만 따르시지요."

"그대의 마음이 바로 이 찻잔과 같소. 그 안에 자신만의 생각과 주장이 가득 차 있군요. 먼저 자신의 그릇을 비우지 않으면 그대에게 해줄 말이 없소."

남은 선사는 이렇게 의미심장한 말을 남겼다.

남은 선사가 "자신의 그릇을 비우라"라고 말한 것은 단지 선의 가르침에만 해당하는 것이 아니다. 이것은 우리 인생에 있어 불변의 진리라 할 수 있다. 자만심으로 가득 찬 사람은 자신이 뭐든 할 수 있다고 여기지만 결국 어떤 일에도 성공하지 못하고 학식도 쌓지 못한다. 마치 찻물이 넘치는 찻잔처럼 찻물만 뒤집어쓸 뿐이다.

학문이란 어디서 시작하여 어디서 끝나는가. (…) 학문은 죽음에 이른 후에야 그만두게 되는 일이다. 그러므로 학문의 과정에는 끝이 있더라도 그 의의는 잠시라도 버릴 수 없는 것이다. 학문을 하면 사람이 되지만 그것을 버리면 짐승이 되는 것이다.

순자 · 권학

영원히 자만하지 말라

11 마음이 움직이는 것은 몸이 움직이는 것만 못하다

"도수이 道雖邇, 불행부지 不行不至, 사수소 事雖小, 불위불성 不爲不成"

순자 · 수신 修身

아무리 가까운 거리라도 걸음을 옮기지 않으면 도달할 수 없고, 아무리 작은 일이라도 실천하지 않으면 성공할 수 없다.
마음이 움직이는 것은 몸이 움직이는 것만 못하다. 사실 마음이 움직이는 것은 잘못된 것이 아니다. 문제는 많은 사람들이 오직 마음만 움직일 뿐 행동을 하지 않는다는 데 있다. 행동으로 옮긴다고 해서 반드시 성공하는 것은 아니지만 행동하지 않는 것은 곧 실패를 의미한다.

인간은

사유와 행동, 두 가지 능력을 가지고 있다. 자신의 목표를 이루지 못하는 것은 대부분 사유 능력이 떨어지기 때문이 아니라, 행동하지 않기 때문이다. 그래서 순자는 "아무리 가까운 거리라도 걸음을 옮기지 않으면 도달할 수 없고, 아무리 작은 일이라도 실천하지 않으면 성공할 수 없다"라고 말했다.

사실 이것은 누구나 잘 알고 있는 도리이지만 대부분의 사람들이 그 중요성을 충분히 인식하지 못하고 있다. 사람들은 대부분 실패의 원인을 외부 환경 탓으로 돌릴 뿐 자신에게 어떤 문제가 있는지는 생각지 않는다. 이런 사람들은 대부분 몽상가이다. 눈에 보이지도 않고 만질 수도 없는 그 무언가 때문에 그저 마음이 동할 뿐이다. 또한 이들은 항상 자기가 마음먹기만 하면 자신의 이상을 실현할 수 있고, 자신이 원하는 이상적인 삶을 살 수 있으며, 주변 사람들의 부러움을 한 몸에 받는 사람이 될 수 있다고 생각한다. 그러나 이들이 결국 실패자가 되는 것은 이들이 뛰어난 사유 능력을 지녔기 때문이 아니라 실천 행동가가 되지 못했기 때문이다. 이것과 관련된 재미있는 이야기가 있다.

옛날 중국 사천성 깊은 산골에 두 스님이 살고 있었다. 한 스님은 가난뱅이였고, 다른 한 스님은 아주 부자였다. 어느 날 가난뱅이 스님이 부자 스님에게 말했다.

"나는 남쪽 바다에 가보고 싶네. 자네는 어떻게 생각하는가?"

부자 스님은 이에 되물었다.

"자네가 어떻게 남쪽 바다까지 간단 말인가?"

"물통 하나와 사발 하나면 충분하네."

부자 스님은 가소롭다는 듯 말했다.

"나는 몇 년 전부터 배를 빌려 장강을 따라 남쪽으로 내려가려고 생각하고 있었네. 하지만 아직도 준비가 다 끝나지 않았지. 그런데 자네가 남쪽 바다에 간다고?"

이듬해 남쪽 바다에 다녀온 가난뱅이 스님이 부자 스님에게 남쪽 바다 이야기를 들려주었다. 부자 스님은 너무 부끄러워 고개를 들

수 없었다.

가난뱅이 스님과 부자 스님의 이야기는 아주 간단한 진리를 말해준다. "백 마디 말보다 한 번의 행동이 더 중요하다."

사실 마음이 움직이는 것은 잘못된 것이 아니다. 문제는 많은 사람들이 오직 마음만 움직일 뿐 행동을 하지 않는다는 데 있다. 그래서 세상의 수많은 말들이 헛소리가 되고 마는 것이다. 이중에는 많은 것을 얻고싶어 하면서 직접 행동은 하지 않으려는 사람도 많다. 이런 사람들은 순수한 몽상가들보다 문제가 더 심각하다고 할 수 있다.

순자는 백 마디 말보다 한 번의 행동이 훨씬 더 중요하다고 강조하고 있다. 행동이 있어야 비로소 결과가 생기고, 성공도 가능하다. 세상의 모든 목표와 계획은 반드시 행동으로 옮겨야 의미가 생긴다.

역사에서 배우기

어느 여름 날, 매사추세츠 주의 작은 시골 마을에 사는 한 젊은이가 말년의 에머슨Emerson을 찾아왔다. 젊은이는 자신을 시를 사랑하는 사람이라고 소개했다. 그러면서 자신은 7살 때부터 시를 짓기 시작했으나 궁벽한 시골에 살았기 때문에 훌륭한 스승의 가르침을 받지 못했고, 지금 에머슨의 명성을 흠모하여 먼 길을 마다 않고 가르침을 받기 위해 찾아왔다고 말했다.

이 젊은 시인은 비록 가난했지만 시인다운 고상한 말투와 비범한 풍모를 지니고 있었다. 서로 뜻이 통한 두 사람은 시간 가는 줄 모르고 깊은 대화를 나누었다. 에머슨은 이 젊은 시인이 아주 마음에 들었다.

젊은이는 돌아가기 전에 몇 편의 시가 적혀 있는 원고지를 남겨 놓았다. 에머슨은 이 몇 편의 시를 읽어본 후, 이 시골 청년의 무한한 문학적 재능을 더욱 신뢰하게 되었다. 그래서 자신이 가지고 있는 문학계의 영향력을 이용해 이 젊은 시인을 키워보기로 했다.

에머슨은 젊은이의 시를 강력히 추천하여 문학잡지에 발표했지만, 그다지 큰 반향을 일으키지는 못했다. 에머슨은 청년이 계속해서 작품을 보내오기를 바랐고, 이때부터 두 사람은 수많은 편지를 주고받았다.

젊은이는 편지를 쓸 때마다 할 말이 너무나도 많았다. 그는 편지를 쓰면서 갖가지 문학에 대한 자신의 모든 생각을 털어놓았다. 편지 안에 넘치는 열정과 참신한 아이디어는 이 젊은이가 확실히 천재 시인임을 증명해 주었다. 에머슨은 젊은이의 재능에 칭찬을 아끼지 않았고 다른 친구들과 만나면 언제나 그의 칭찬을 늘어놓기 바빴다. 이렇게 해서 문학계에 이 젊은이의 명성의 조금씩 알려지기 시작했다.

그러던 어느 날부터 젊은이는 더 이상 새로운 작품을 보내오지 않았다. 젊은이의 편지는 점점 더 길어졌고 끊임없이 샘솟는 뛰어난 아이디어들은 보여주고 있었지만, 그는 어느새 유명 시인을 자처하고 있었고 말투는 날이 갈수록 거만해졌다.

에머슨은 젊은이의 편지를 읽으며 매우 불안해졌다. 오랜 경험을 바탕으로 젊은이의 심리를 꿰뚫어 본 에머슨은 젊은이가 이미 매우 위험한 지경에 이르렀음을 알 수 있었다. 편지 왕래는 계속 이어졌지만 에머슨의 태도도 점점 냉담해졌고, 그냥 말없이 젊은이를 지켜볼 뿐이었다.

어느덧 가을이 찾아왔다. 에머슨은 편지를 보내 젊은이를 한 문학 모임에 초대했다. 며칠 후 젊은이는 모임 날짜에 맞춰 에머슨의 집에 도착했다. 에머슨의 서재에서 두 사람은 대화를 시작했다.

"왜 요즘엔 새로운 작품을 보내지 않았나?"

"저는 지금 장편 서사시를 쓰고 있습니다."

"자네는 서정시에 아주 뛰어난 재능이 있는데, 왜 그만두려 하는가?"

"위대한 시인이 되려면 반드시 장편 서사시를 써야 합니다. 그런 시시한 단편 시 따위가 무슨 의미가 있겠습니까?"

"그렇다면 자네는 지금까지 쓴 작품이 모두 시시하다고 생각한단 말인가?"

"그렇습니다. 저는 대시인이기 때문에 규모 있는 작품을 써야 합니다."

"어쩌면 자네 말이 맞을지도 모르겠군. 자네는 대단한 잠재력을 지니고 있으니, 아마 가능할 걸세. 가능한 빨리 자네의 대작을 읽어보고 싶군."

"감사합니다. 이미 일부를 완성했으니, 곧 문단에 발표할 예정입니다."

한때 에머슨이 매우 아끼던 이 젊은 시인은 문학 모임에서도 자기 자랑을 하느라 정신이 없었다. 젊은이는 만나는 사람마다 붙들고 자신이 아주 대단한 재능을 지닌 양 기세등등하게 자신의 대작에 대해 설명했다. 물론 그의 대작을 읽어본 사람은 아무도 없다. 대작은커녕 에머슨의 추천으로 문예잡지에 발표한 단편 시조차 읽어본 사람이 거의 없었다. 그러나 사람들은 모두 이 젊은이가 대단한 시인이 될 것이라고 생각했다. 그렇지 않고서야 대작가인 에머슨이 이처럼 이 젊은이를 아낄 이유가 없기 때문이었다.

어느덧 시간이 흘러가고 겨울이 되었다. 청년은 계속해서 에머슨에게 편지를 보내왔지만 대작에 대한 언급은 전혀 없었다. 편지 길이는 점점 짧아졌고 젊은이의 말투는 점점 힘을 잃어갔다. 그러던 어느 날 젊은이는 결국 오랫동안 작품을 쓰지 못했다고 고백했다. 이전에 말했던 대작 같은 것은 사실 존재하지도 않았다. 모두 그의 공상에서 비롯된 거짓말이었다.

이 편지를 마지막으로 에머슨은 더 이상 젊은이의 편지를 받지 못했다.

나폴레옹은 "생각을 잘 하는 것은 총명한 것이고, 계획을 잘 세우는 것은 더욱 총명한 것이다. 행동을 잘 하는 것은 가장 총명하고도 가장 훌륭한 것이다"라고 말했다. 성공을 위해서는 반드시 명확한 목표가 있어야 한다. 이것은 아주 당연한 것이다. 그러나 목표란 단순히 자동차에 기름이 가득 차 있는 것일 뿐이다. 그리고 어느 방향, 어떤 길로 가야 할지도 정해야 한다. 그러나 목적지에 도달하기 위해서는 차를 출발시켜야 하고, 끊임없이 연료를 보충해 주어야 한다.

절름발이 자라가 천 리를 가고 여섯 마리 천리마는 가지 못하는 데는 단 한 가지 이유밖에 없다. 한쪽은 행동으로 옮겼고, 다른 한쪽은 아예 행동하지 않았기 때문이다. 아무리 가까운 거리라도 걸음을 옮기지 않으면 도달할 수 없고, 아무리 작은 일이라도 실천하지 않으면 성공할 수 없다. 사람됨이 우수하더라도 행동하지 않는 자는 남보다 뛰어날 수 없다.

순자 · 수신

마음이 움직이는 것은 몸이 움직이는 것만 못하다

다른 사람의 비판을 용감하게 받아들이라

"시아이당자오사야 是我而當者吾師也."

순자 · 수신修身

나를 비판하고 바르게 잡아주는 사람은 모두 나의 스승이다.
사람은 성인이 아니기 때문에 누구든 실수를 한다. 잘못이 있으면 주변 사람들이 비판하는 것이 당연한 일이다. 물론 다른 사람의 비판으로 체면이 깎일 수는 있지만 선의의 비판이라면 반드시 겸허한 마음으로 받아들여야 한다. 비판은 우리에게 잘못을 인식하게 해주고, 같은 실수를 반복하지 않게 해 준다. 그래서 우리는 비판을 거쳐 더욱 현명해질 수 있다.

사람은 누구나 칭찬을 받으면 기분이 좋아지고, 비판을 받으면 화를 내거나 마음이 상한다.

순자는 "나를 비판하고 바르게 잡아주는 사람은 모두 나의 스승이다"라고 말했다. 다른 사람이 정확하고 타당한 비판을 제시했다면 반드시 용감하게 받아들일 줄 알아야 한다. 비판을 받아들이는 것은 자신의 잘못을 인정함과 동시에 바르게 고칠 준비가 되었음을 의미한다.

여기에서 순자는 타인에게 비판 받는 일은 절대 나쁜 일이 아님을 강조하고 있다. 비판은 우리에게 잘못을 인식하게 해주고, 같은 실수를 반복하지 않게 해 준다. 그래서 우리는 비판을 거쳐 더욱 현명해질 수 있다.

다음은 우리가 비판에 대처해야 하는 몇 가지 방법이다.

(1) 다른 사람의 입장을 이해하라

살다보면 우리는 나를 좋아하는 사람을 만날 수도 있고, 나를 싫어하는 사람을 만날 수도 있다. 또한 내가 좋아하는 사람과 함께 할 수도 있고, 내가 싫어하는 사람과 함께 해야 할 때도 있다. 살아가면서 우리는 꼭 아름다운 것만 볼 수 없고, 모든 사람이 나를 좋아하게 할 수도 없다. 이 점을 분명히 인식한다면 다른 사람의 비판과 반대가 당연한 것임을 인식하고 비판 앞에서 침착해질 수 있을 것이다.

(2) 비판을 받아들이라

이 세상에 평생 실수 한 번 하지 않는 완벽한 인간은 없다. 그러므로 누군가의 비판이 정확하고 타당한 것이라면 진심으로 기쁘게 받아들여야 한다. 진지하게 타인의 의견을 경청하고 그 안에 담긴 진리를 깨달아 끊임없이 자신을 발전시켜야 한다.

(3) 너그러워지라

개인의 이익에 대해 언급하다 보면 당신의 의견에 극단적인 부정을 표시하는 사람이 있을 것이다. 이런 상황이 벌어진 이유는 상대방이 객관적으로 공정하게 당신을 대하지 않기 때문이다. 그러므로 일단 상대방을 이해하고 너그럽게 포용해야 한다. 상대방이 무지하여 어린 아이처럼 떼를 쓰고 있다고 생각하면 된다. 물론 불합리하고 도리에 어긋난 비판이라면 상대방에게 자신의 의견을 분명히 밝혀야 한다. 그러나 반드시 적절한 타이밍과 방법을 찾아 도리에 맞게 의견을 제시해야 한다. 그렇지 않으면 상대방은 당신이 겸손하지 않아 비판을 받아들일 줄 모른다고 생각할 것이다.

순자는 이렇게 말했다.

"영원히 만족하지 말고 훌륭한 인품을 추구해야 한다. 또한 자신에 대해 반성하고 타인의 충고를 받아들일 줄 알아야 한다. 이렇게 하면 원하지 않아도 성공할 것이다."

역사에서 배우기

19세기 프랑스의 화가 베르니는 스위스로 휴가를 간 적이 있었다. 그러나 베르니는 매일 화구를 들고 여기저기 돌아다니며 열심히 그림을 그렸다.

어느 날 베르니가 제네바 호숫가에서 열심히 그림을 그리고 있는데, 세 명의 영국 아가씨들이 다가와 그의 그림을 구경했다. 아가씨들은 손짓발짓을 해 가며 여기가 안 좋다, 저기가 이상하다 온갖 비평을 늘어놓았다.

베르니는 아가씨들이 지적한 곳을 수정했고, 나중에 헤어질 때 그녀들에게 고맙다는 인사까지 했다.

다음 날 베르니는 일이 있어 시내에 나갔다가 역 앞에서 어제 만났던 영국 아가씨들을 발견했다. 그녀들은 뭔가 열심히 의논하고 있는 것 같았다. 잠시 후 세 아가씨는 베르니를 발견하고 그에게 다가와 물었다.

"우리는 대 화가 베르니 선생님이 이곳으로 휴가를 오셨다는 말을 듣고 일부러 찾아왔는데, 혹시 베르니 선생님이 어디 계신지 아시나요?"

베르니는 아가씨들에게 허리를 굽히며 대답했다.

"대 화가라니, 당치 않습니다. 제가 바로 베르니입니다."

아가씨들은 크게 놀라는 한편 어제의 무례함을 떠올리며 얼굴이 빨갛게 달아올랐다.

재능과 학문이 뛰어난 사람일수록 오히려 겸손한 태도를 갖춘다. 이들은 자신의 재능과 학문에 만족하지 않고 끊임없이 발전하고자 하기 때문이다. 그래서 재능과 학문이 뛰어난 사람들은 너그러운 풍격과 타인의 비판을 받아들일 수 있는 도량을 지니고 있다.

나를 비판하고 바르게 잡아주는 사람은 모두 나의 스승이다. 나의 장점을 칭찬해 주는 사람은 나의 친구이다. 나에게 아첨하는 사람은 나의 적이다. 그러므로 군자는 스승을 존경하고, 친구를 소중히 하고, 적을 미워했다. 영원히 만족하지 말고 훌륭한 인품을 추구해야 한다. 또한 자신에 대해 반성하고 타인의 충고를 받아들일 줄 알아야 한다. 이렇게 하면 원하지 않아도 성공할 것이다.

순자 · 수신

악을 버리고 선을 좇으라

> "인지성악人之性惡, 기선자위야其善者僞也"
>
> 순자 · 성악性惡
>
> 인간의 본성은 악하며, 선한 것은 인간의 후천적인 노력의 결과이다.
> 인성에는 사악함, 잔인함, 냉혹함, 간사함, 탐욕, 질투, 교만 등 여러 가지 부정적인 요소들이 존재한다. 그러므로 "인간의 본성은 악하다"라는 말이 틀렸다고는 할 수 없다. 우리에게 중요한 것은 인간의 본성이 선한지 악한지를 밝히는 것이 아니라, 어떻게 해야 악을 버리고 선을 좇을 수 있는가 하는 것이다.

인간의 본성이 선한가 악한가에 대한 논쟁은 지난 수천 년 동안 끊임없이 지속되어 왔으며 지금까지도 명확한 결론이 나지 않은 상황이다.

고자(告子, 전국 시대 제나라 사상가. 맹자와 동시대 인물-역주)는 "인간의 본성은 선과 악으로 나눌 수 없다. 이것은 마치 물의 흐름에 동서 구분이 없는 것과 같다"라고 말했다. 고자의 주장에도 타당성이 있다. 인간이 용감히 자신을 직시할 때 비로소 천사든 악마든 의미가 부여되는 것이다.

맹자는 "인간의 본성은 선하다"라고 주장했다. 즉 인간은 착한 성품을 타고 나지만 자라면서 세상의 거짓에 물들어 사악한 마음이 생겨난다는 것이다. 맹자의 주장은 인간의 긍정적인 면을 강조하여 사람들을 고무시키고 위안을 주기 위한 것이다.

그러나 순자는 "인간의 본성은 악하며, 선한 것은 인간의 후천적인 노력의 결과이다"라고 주장했다.

순자는 「성악」편에서 '성악설'에 대해 상세히 설명했다.

"자고로 선이라는 것은 예의와 법도에 부합하고 사회질서에 순응하는 것을 의미한다. 반면 악이라는 것은 예의와 법도에 어긋나고 사회질서에 따르지 않는 것을 가리킨다. 이것이 바로 선과 악을 구별하는 방법이다. 허나 인간이 어떻게 태어나자마자 예의와 법도에 부합하는 행동을 하고 사회질서에 따를 수 있겠는가? 만약 이것이 가능하다면 무엇 때문에 예의와 법도가 필요하고, 성현의 가르침이 필요하겠는가? 인간이 선해지려 하는 것은 바로 본성이 악하기 때문이다. 이것은 재물이 없는 자가 풍요로움을 원하고, 추한 자가 아름다움을 원하는 것과 같은 이치이다. 지금 사람들이 열심히 예의와 법도를 익히는 것은 본래 가지지 못했기 때문이다. 인간의 본성은 전혀 아름답지 못할 뿐 아니라 태어나면서부터 아주 욕심이 많다. 예를 들어 형제간에 재산을 나눈다고 해 보자. 인간이 탐욕스러운 본성에 따르면 반드시 형제간에 다툼이 일어날 것이다. 그러나 예의와 도덕으로 이들을 교화시키면 남남이라 해도 서로 재물을 양보할 것이다. 이것으로 보아 인간의 탐욕, 즉 더 많은 재물과 이익을 얻으려는 것이 바로 인간의 본성이다."

　순자가 말한 '악'이란 인간이 태어날 때부터 가지고 있는 생리적, 심리적 욕망을 의미한다. 인간의 욕망은 무한하며, 이 안에는 여러 가지 부정적인 요소들이 포함되어 있다. 그러므로 "인간의 본성은 악하다"라는 말이 틀렸다고는 할 수 없다. 순자는 인간의 부정적인 면을 들어 사람들을 일깨우고 채찍질하려는 것이다.

　사실 맹자의 '성선설'과 순자의 '성악설'은 함께 있을 때 가장 빛난다. 즉, 인간은 악을 버리고 선을 쫓아야 한다는 것이다.

　악이 없으면 선은 의미가 없다. 마찬가지로 선이 없으면 악도 의미가 없다. 선과 악은 상호 대립 속에 비로소 존재감이 생기고 상호 경쟁 하에 더욱 명확한 의미가 생긴다. 악이 존재하기 때문에 선의 소중함이 더욱 커진다. 또한 선이 존재하기 때문에 악에 대한 증오가 더욱 커진다. 그래서 사람들은 거짓, 악, 추함에 맞서 격렬하게 투쟁한다.

　그러나 아직까지 우리 자신과 주변의 악은 완전히 사라지지 않고 있으며, 우리의 삶에 큰 영향을 미치고 있다. 그러므로 우리는 언제 어디서 어떤 형태로 나타날지 모를 악에 대비할 준비를 게을리 하지 말아야 한다. 용감히 악과 정면 대결하여 악을 물리치는 승자가 되어야 한다. 절대 악에 굴복하고 악의 노예가 되는 일은 없어야 한다.

역사에서 배우기

가난한 집안에서 태어나 자수성가한 록펠러는 사업 초기 주변 사람들에게 훌륭한 청년이라는 칭찬을 들었다. 재물이 쉴 새 없이 그의 금고 안으로 흘러들면서 록펠러는 탐욕스럽고 냉혹한 인간으로 변했다. 그 때문에 펜실베이니아주 유전 지대에 살고 있는 사람들은 여러 가지 피해를 입어야 했다. 어떤 사람은 나무로 록펠러 인형을 만들어 교수형을 집행하기도 했다. 록펠러의 사무실에는 증오와 저주에 가득 찬 협박 편지가 수없이 날아들었다. 심지어 록펠러의 친형조차 그를 미워했다. 록펠러의 친형은 가족 묘지에 묻혀 있던 아들의 유골을 파내 다른 곳을 옮기고 이렇게 말했다.

"그가 소유한 땅에서는 내 아들이 편안히 잠들지 못할 것이다."

록펠러는 53세 되던 해 큰 병을 얻었다. 그의 모습은 산송장이나 다름없었다. 의사들은 그에게 아주 무서운 경고를 남겼다. 돈과 생명 중 하나를 선택해야 한다는 것이었다. 록펠러는 그때서야 탐욕이란 악마가 자신의 생명을 옭죄고 있다는 사실을 깨달았다. 록펠러는 의사의 충고에 따라 은퇴를 결정했다. 그리고 골프를 배우고 극장에 가서 코미디 영화도 보고, 이웃들과 어울리기 시작했다. 록펠러는 한동안 반성의 시간을 거쳐 마침내 어떻게 해야 자신의 재산을 다른 사람들에게 베풀 수 있을지에 대해 생각하기 시작했다.

그러나 이것은 생각처럼 쉬운 일이 아니었다. 록펠러가 교회에 거액을 기부했으나, 교회측에서는 '부정한 돈'은 받을 수 없다고 거절했다. 그러나 록펠러는 포기하지 않았다. 얼마 뒤 록펠러는 미시간 호 근처에 있는 한 작은 대학교가 재정난으로 곧 폐교할 위기에 처했다는 소식을 듣고 이 학교에 수백만 달러를 기부했다. 이렇게 해서 오늘날 세계적인 명문 대학이 된 시카고 대학이 탄생했다. 또한 록펠러는 여러 가지 사회복지사업을 펼치고 흑인들에게도 많은 도움을 주었다.

이렇게 어느 정도 시간이 지나자 사람들은 록펠러를 용서하고 그에게 따뜻한 시선을 주기 시작했다. 수많은 사회사업을 펼친 록펠러는 많은 사람들의 존경과 사랑을 얻었고, 억만금을 주고도 살 수 없는 평안함, 행복, 건강을 얻었다. 53세 되던 해 죽음의 문턱까지 갔다가 새로운 삶을 시작한 록펠러는 98세까지 장수를 누렸다.

선행을 많이 하라. 혹여 다른 사람이 당신의 선행을 알고 보답해주지 않더라도 최소한 당신에게 화가 미치는 일은 없을 것이다. 선행을 많이 한 사람은 쉽게 심리적인 평화를 얻을 수 있고, 남을 돕는 사람은 그 자신도 늘 즐거움을 느낄 수 있으니 이것만으로도 충분한 보답이 될 것이다. 반면 악행을 많이 저지르면 반드시 대가를 치르게 될 것이니, 악행은 스스로 무덤을 파는 행위와 같다.

사람의 본성을 따르고 사람의 감정을 따르면, 반드시 다툼이 일어나고 명분에 어긋나고 도리와 질서가 어지러워져 폭동이 일어날 것이다. 그러므로 반드시 장차 스승과 법도에 의한 가르침과 예의에 의한 교화가 있어야 한다. 그런 다음에야 양보가 생겨나고 예의와 질서가 바로서고 사회가 안정될 것이다. 이로써 보건대, 인간의 본성은 악한 것이 분명하고, 선한 것은 후천적인 노력의 결과이다.

순자 · 성악

악을 버리고 선을 좇으라

물질에 지배당하지 말라

"전왈傳曰, '군자역물君子役物, 소인역어물小人役於物.'"

순자 · 수신修身

옛말에 이르길, "군자는 물질을 지배하고, 소인은 물질에 지배당한다"라고 했다.
사람은 반드시 자신이 주인이 되어야 하고, 자신이 물질을 구하는 주체가 되어야 한다. 탐욕에 끝이 없어 그 욕심을 다 채우지 못하면 물질의 노예가 되어 큰 화를 자초할 것이다.

순자는

"인간의 탐욕, 즉 더 많은 재물과 이익을 얻으려는 것이 바로 인간의 본성이다" "재물이 없으면 풍요로움을 원하고, 추하면 아름다움을 원하고, 좁은 곳에 있으면 넓은 곳을 원하고, 가난하면 부자가 되기를 원하고, 비천하면 고귀함을 원한다. 본래 가지지 못한 것은 반드시 가지고 싶어 하기 마련이다"라고 말했다.
그러나 인간의 탐욕은 끝이 없기 때문에 사람은 물질의 노예가 되기 십상이다.

결국 탐욕이 수많은 문제를 일으키는 것이다. 끝없는 탐욕은 결국 스스로 무덤을 파게 만든다. 반대로 탐욕을 버리면 위험에서 벗어날 수 있다.

여기에서 순자는 우리에게 인간의 욕망은 끝이 없고, 끝없는 욕망이 바로 탐욕임을 강조하고 있다. 누구든 일단 욕심이 지나치면 마음이 비뚤어지고 결국 탐욕에 얽매여 본래의 의도와 전혀 상관없이 일을 처리하게 된다. 이렇게 되면 일을 그르치는 것은 물론 큰 화가 미칠 수도 있다. 그러므로 우리는 반드시 탐욕을 버려야 한다.

[1] 명확한 가치관을 세우라

올바른 인간으로 살아가기 위해서는 가장 먼저 명확한 가치관을 세워야 한다. 명확한 가치관을 가진 사람은 스스로 자신을 절제할 수 있고 자신에게 필요한 것이 무엇인지 필요 없는 것이 무엇인지 판단할 수 있다. 그 다음으로 정확한 판단력을 길러야 한다. 미와 추, 선과 악을 분명히 구분할 수 있어야 한다. 그래야 전심전력으로 미와 선을 추구하고 추와 악을 최대한 멀리할 수 있다. 이렇게 하면 자연스럽게 탐욕에서 멀어질 수 있다.

[2] 평범하고 소탈하게

인간은 누구나 욕망이 있다. 가난한 자는 부자가 되고 싶어하고, 비천한 자는 고귀해지고 싶어한다. 성공하지 못한 자들은 이름을 알리고 싶어하고, 영예를 얻지 못한 자들은 칭찬을 얻고 싶어한다.

이것은 크게 비난할 일이 아니다. 문제는 무엇을 원하든 적당한 선에서 멈출 줄 아는 것이다. 이 세상에는 아름답고 좋은 물건들이 아주 많다. 그리고 사람들은 이것을 최대한 많이 얻고 싶어한다. 하지만 인간의 욕망은 이것보다 훨씬 크다. 욕망은 지나치면 오히려 우리에게 짐이 된다. 소탈하고 꾸밈없는 마음만큼 우리를 평안하게 해주는 것은 없다. 평범하고 소탈하게 생활하면 탐욕에서 멀어질 수 있다.

[3] 안분지족

'안분지족安分知足' 이란 장밋빛 인생에 대한 꿈을 버리라는 것이 아니라 마음의 평화를 유지하라는 뜻이다. 사치와 과도하게 풍족한 물질을 누리지 말고 자신의 상황에 맞게 행동해야 한다. '안분지족' 을 알면 유한한 우리의 에너지를 일에 집중시킬 수 있다. 또한 '안분지족' 은 우리가 항상 즐겁게 생활할 수 있게 해준다.

순자는 이렇게 말했다.

"사상과 의지가 올바르면 금은보화를 무시하고, 도의가 높은 사람은 왕족과 귀족을 대단하게 생각지 않는다. 겉보다 내면을 중시하는 도덕적 수양이 높은 사람들은 물질에 크게 연연하지 않는다."

여기에서 순자는 우리에게 탐욕을 버려야 물질에 지배당하지 않고 스스로 자신의 감정을 절제할 수 있다고 강조한다. 내면의 도덕 수양에 힘쓰면 끝없는 탐욕을 버리고 고결한 인품을 드높일 수 있으며 지혜를 키울 수 있다. 이래야 비로소 군자라 할 수 있다.

역사에서 배우기

춘추 시대 진晉나라에 상당한 세력을 휘두르던 지백智伯이라는 귀족은 야만스럽고 탐욕스러운 소인배였다. 지백은 이미 상당한 봉토를 소유하고 있었지만 그의 욕심은 끝이 없었다. 어느 날 지백은 위선자魏宣子에게 아무 이유 없이 땅을 달라고 요구했다.

역시 진나라의 귀족인 위선자는 평소에도 지백을 별로 좋아하지 않았는데 이런 일을 당하니 지백이 너무 싫었다. 그래서 위선자는 지백의 요구를 거절했다. 당시 위선자의 식객 중 기지가 뛰어난 임장任章이라는 자가 위선자에게 말했다

"지백에게 땅을 주는 것이 좋습니다."

위선자는 전혀 이해할 수 없다는 듯 되물었다.

"내가 왜 아무 이유 없이 그 자에게 땅을 주어야 하는가?"

"지백이 아무 이유 없이 나리에게 땅을 요구한 것이 알려지면 사람들은 모두 지백을 두려워할 것이고 귀족들은 그를 미워하게 될 것입니다. 지백은 끝없는 욕심을 가져 만족이란 걸 모르는 자입니다. 이후에도 분명 여기저기 손을 뻗칠 것이고 그렇게 되면 지백은 이 나라의 골칫거리가 될 것입니다. 지금 나리께서 지백에게 땅을 주면 그는 더욱 교만해질 것입니다. 사람들이 모두 자신을 무서워한다고 생각할 터이니 사람들을 더욱 무시하고 제멋대로 행동하며 온갖 나쁜 짓을 저지를 것입니다. 그렇게 되면 사람들은 지백를 미워하고 두려워하여 자연스럽게 하나로 뭉쳐 그에게 대적하려 할 것이니 지백의 오만함도 그리 오래 가지 못할 것입니다."

임장은 여기까지 말하고 잠시 숨을 고르며 말을 멈추었다. 잠시 후 위

선자가 고개를 끄덕이는 것을 보고 임장은 다시 말을 이었다.

"「주서周書」에 이르길 '누군가를 무너뜨리려면 먼저 그를 도와 주어야 한다. 빼앗으려는 것이 있으면 먼저 당근을 주어야 한다'라고 했습니다. 제가 말씀드린 것도 바로 이런 이치입니다. 제가 지백에게 땅을 주라고 말한 것은 바로 지백을 더욱 교만하게 만들기 위함입니다. 그리고 지금 만약 지백에게 땅을 주지 않으면 그는 나리를 목표로 삼아 맹공격을 해올 것입니다. 이런 상황을 피하려면 지백을 공공의 적으로 만들어 다른 사람과 함께 그를 공격해야 합니다."

위선자는 임장의 말을 듣고 매우 기뻐하며 당장 생각을 바꾸어 지백에게 땅을 할양해 주었다. 지백은 아무 노력도 하지 않고 큰 땅을 얻자 다시 화살을 돌려 다른 귀족에게도 땅을 요구했다. 그러나 그 귀족은 지백의 요구에 응하지 않았고, 이에 지백은 당장 군사를 일으켜 그의 성을 포위했다. 이때 위선자가 나머지 귀족들과 연합하여 지백을 공격했다. 지백은 안팎에서 동시에 이루어지는 협공을 이겨내지 못하고 결국 무릎을 꿇고 말았다.

누구나 일단 탐욕이 도를 넘어서면 어떤 일도 성공하지 못한다. 탐욕의 그림자는 우리에게 노력 없이 더 많은 것을 원하게 만든다. 그리고 조금이라도 자신의 뜻에 어긋나는 일이 있으면 화를 참지 못한다. 오직 눈앞의 이익에 얽매여 자신의 인격이 떨어지는 것을 전혀 신경 쓰지 않으면 훗날의 더 큰 이익을 놓치게 만든다.

사상과 의지가 올바르면 금은보화를 무시하고, 도의가 높은 사람은 왕족과 귀족을 대단하게 생각지 않는다. 겉보다 내면을 중시하는 도덕적 수양이 높은 사람들은 물질에 크게 연연하지 않는다. 옛말에 이르길, 군자는 물질을 지배할 수 있고, 소인은 물질에 지배당한다.

순자 · 수신

전심전력으로 뜻을 추구하면 성공할 수 있다

"목불능량시이명 目不能兩視而明, 이불능양청이총 耳不能兩聽而聰"

순자 · 권학 勸學

눈은 동시에 두 가지를 보지 않아야 밝고, 귀는 동시에 두 가지를 듣지 않아야 밝다.

어떤 일을 하든 굳은 신념이 없고 밤낮으로 생각이 바뀌는 사람은 절대 작은 성공도 거두지 못하고 헛수고만 하게 될 것이다. 역사상 위대한 인물들은 대부분 지혜가 뛰어나거나 다재다능한 인재가 아니라 지극히 평범한 사람들이었다. 이들은 모두 바보 같을 만큼 고집스럽게 한 우물을 팠기 때문에 성공한 것이다.

순자는

"눈은 동시에 두 가지를 보지 않아야 밝고, 귀는 동시에 두 가지를 듣지 않아야 밝다"라고 말했다. 반드시 한 가지 일에만 정신을 집중시켜 전심전력으로 노력해야 성공의 기회를 얻을 수 있다.

순자는 이에 대해 「권학」에서 학문과 사업으로 나누어 자세한 설명을 덧붙였다.

(1) 반드시 전심전력으로 학문을 닦는 데 임하라

순자는 "전심전력으로 뜻을 구하려는 생각이 없으면 이치를 깨달을 수 없다"라고 말했다.

이는 학문을 할 때 여러 곳에 정신을 분산시키지 말고 한 곳에 정신을 집중시켜 뜻을 구해야 한다는 것이다. 그렇지 않으면 아무리 열심히 노력해도 학업적 성취를 이룰 수 없다.

그러나 실제로 우리 주변에는 그렇지 못한 사람들이 많다. 오늘은 붓글씨를 배우고, 내일은 음악을 배우고, 또 얼마 후엔 철학에 관심을 갖거나 수학과 논리에 흥미를 느끼곤 한다. 그러나 어느 분야이든 이렇게 수박 겉핥기식으로는 아무것도 얻을 수 없다. 이것저것 조금씩 맛은 볼 수 있겠지만 그 깊은 뜻을 알 수가 없다. 얼핏 보면 해박한 지식을 지니고 있는 것처럼 보이지만 사실 제대로 아는 것이 하나도 없으니 전혀 내세울 것이 못된다.

학문을 할 때 여러 가지를 두루 배우는 것도 좋지만 하나라도 정통한 분야가 있어야 한다. 한 마음으로 뜻을 구해야 모두가 우러러보는 높은 경지에 오를 수 있다.

(2) 반드시 전심전력으로 사업에 매진하라

순자는 "무슨 일이든 전심전력으로 매진하지 않으면 빛나는 공적을 쌓을 수 없다"라고 말했다.

순자는 사업의 도리와 학문의 도리가 같다고 생각했다. 두 가지 모두 성공하기를 원한다면 반드시 전심전력을 다해야 한다.

그러나 지금 우리 주변에는 조급하게 성공과 이익을 갈구하기만

할 뿐 자신의 목표를 향해 노력하지 않는 사람들이 많다. 이들은 오히려 남들의 성공을 부러워하며 자신의 분수를 잊고 남이 하는 그대로 따라하려 한다. 그래서 오늘 새로운 일을 시작했다가 또 내일 다른 일에 손을 댄다. 물론 이렇게 하면 작은 성공도 거두지 못할 것이 뻔하다.

순자는 뛰어난 지혜와 재능이 없다고 해서 고민할 필요가 없다고 말했다. 누구든 한 가지 목표에 집중하여 전심전력으로 최선을 다하면 능력 있는 사람들처럼 똑같이 성공을 거둘 수 있기 때문이다.

실제로 역사상 위대한 인물들은 대부분 지혜가 뛰어나거나 다재다능한 인재가 아니라 지극히 평범한 사람들이었다. 이들은 모두 바보 같을 만큼 고집스럽게 한 우물을 팠기 때문에 성공한 것이다. 어떤 상황이 닥치더라도 이들의 바위처럼 굳은 결심은 결코 흔들리지 않았다. 어떤 유혹이 있더라도 자신이 정한 목표를 향한 집중력을 떨어뜨리지 않았다. 바로 이런 전심전력 정신이 있었기에 평범한 자질을 지닌 사람이 위대한 성공을 거둘 수 있었던 것이다. 그러나 소위 천재라는 사람 중에서는 전심전력 정신이 부족하여 결국 실패자가 되는 경우도 많다.

한 사람에게 주어진 시간, 자원, 능력은 정해져 있으니 모든 일에 정통할 수는 없다. 이것저것 일을 벌이다가는 한 가지도 제대로 할 수 없다. 어떤 분야에서 성공하고 싶다면 반드시 순자의 가르침을 잊지 마라. 전심전력, 이것이 바로 성공의 열쇠이다.

역사에서 배우기

서진西晉 무제武帝 사마염司馬炎 시대, 수도 낙양에서는 종이 품귀현상이 극심했다. 이것은 좌사左思라는 청년이 쓴 걸작 『삼도부三都賦』때문이었다. 사람들은 『삼도부』의 화려하고 아름다운 문장과 그 안에 묘사되어 있는 매력적인 풍경에 감동하여 너도나도 이 작품을 베끼려 했던 것이다. 당시 종이는 모두 수공으로 제작되었기 때문에 생산량이 매우 적었다. 그러나 많은 사람들이 『삼도부』를 베끼기 위해 경쟁적으로 종이를 사들였기 때문에 갑자기 종이값이 폭등했고, 이 때문에 종이를 파는 상인들은 큰 부자가 되었다. 바로 이때 '낙양지귀洛陽紙貴' 라는 고사성어가 탄생했다.

사실 좌사는 귀족 출신은 아니다. 어려서 어머니를 여의었고, 아버지 좌희左熹는 말단 관직에 있었다. 좌희는 아들이 자라 가문을 빛낼 수 있는 훌륭한 인재가 되기를 바라며 좌사의 교육에 심혈을 기울였다. 그러나 어린 좌사는 그다지 총명하지 않았다. 서법, 음악, 병서 등을 배웠으나 어느 하나 두각을 나타내는 것이 없었다. 좌희는 크게 실망하며 아들이 아무런 재능도 없다고 생각했다. 어느 날 좌희는 집에 찾아온 친구와 이야기를 하는 도중 이렇게 말했다.

"후대가 전대만 못하네. 내 아들은 예전에 내가 젊었을 때보다 못하니, 앞으로도 큰일을 하지 못할 것이네."

우연히 이 말을 들은 좌사는 큰 충격을 받고 그 자리에서 반드시 세상이 놀랄 큰일을 해 내겠다고 마음먹었다. 그날 이후 좌사는 모든 잡념을 버리고 학문에 몰두하기 시작했다. 그는 항상 "울지 않으면 그뿐이지만, 한 번 울면 사람을 놀라게 하리라" 라는 말을 되뇌었다.

좌사는 본래 임치臨淄 사람인데, 이곳은 과거 제나라의 수도였다. 그래서 좌사는 일 년 동안 공을 들여 『제도부齊都賦』를 완성했다. 이것을 친구들에게 보여주었는데 모두들 훌륭하다고 칭찬을 아끼지 않았다. 좌사는 첫 성공에 고무되어 자신감이 더 커졌고 더 훌륭한 작품을 쓰기로 다짐했다. 좌사는 반고班固의 『양도부兩都賦』, 장형張衡의 『서경부西京賦』에 영향을 받아 『삼도부』를 쓰기로 마음먹었다.

기원전 272년 서진의 무제는 좌사의 여동생 좌채左蔡가 천하에 보기 드문 인재라는 소문을 듣고 그녀를 궁으로 불러들여 수의修儀에 봉했다. 여동생이 입궁하자 좌사는 수도 낙양으로 이사했다. 좌사는 『삼도부』라는 목표를 세우긴 했지만 스스로 견문이 부족함을 느끼고 무제에게 왕궁의 서책을 관리하는 비서랑秘書郎에 임용해 달라고 청했다. 무제는 좌사의 간청을 받아들였다. 이렇게 해서 좌사는 왕궁에 소장되어 있는 책 중 삼도와 관련된 책과 자료를 마음껏 볼 수 있게 되었다.

이날 이후 좌사는 오로지 어떻게 하면 『삼도부』를 훌륭하게 써낼 수 있을까만 생각했다. 책상에 앉아서도, 밥을 먹거나 차를 마실 때도, 길을 걷거나 산책을 할 때도, 심지어 꿈속에서도 이 생각뿐이었다. 좌사는 식탁, 침상, 화장실, 정원 계단 등 집안 곳곳에 묵과 종이를 놓아두었다. 좋은 구절이 생각났을 때 바로 기록하기 위함이었다. 밥을 먹다가 생각이 떠오르면 젓가락을 내려놓고 붓을 들었다. 꿈속에서 좋은 생각이 떠오르면 당장 일어나 불을 밝히고 붓을 들었다. 이렇게 하여 장장 1만 자가 넘는 『삼도부』가 10년 만에 빛을 보게 된 것이다.

『삼도부』는 「촉도부蜀都賦」, 「오도부吳都賦」, 「위도부魏都賦」 세 편으로 구성되어 있다. 이 세 편은 각각 독립적이면서 서로 긴밀하게 연결되어

한 편의 완전한 『삼도부』를 만들어 냈다. 『삼도부』에는 동오東吳 왕손王孫, 서촉西蜀 공자, 위국魏國 서생이라는 세 명의 가상 인물이 등장한다. 이 세 사람의 솔직한 대화를 통해 삼도의 개황, 역사, 특산품, 경치, 사람들과 정치, 군사, 경제, 문화를 자세하게 묘사했다. 『삼도부』는 웅장한 사조와 아름다운 문구, 그리고 장엄하고 화려한 산수를 묘사한 당대의 걸작이었다.

그러나 『삼도부』는 처음 발표되었을 때는 사람들의 주목을 끌지 못했다. 그래서 좌사는 당대의 위대한 학자로 칭송받던 황보밀皇甫謐을 찾아가 『삼도부』의 품평을 청했다. 황보밀은 『삼도부』를 읽고 난 후 박수를 치며 칭찬을 아끼지 않았고, 흔쾌히 서문을 써 주었다. 좌사는 다시 저작랑著作郎 장재張載와 중서랑中書郎 유규劉逵에게 『삼도부』 해설서를 부탁했다. 이런 과정을 거쳐 『삼도부』는 드디어 당대 문단을 뒤흔들기 시작했다. 사공司空 장화張華는 『삼도부』를 읽고 "이 작품은 반고의 『양도부』, 장형의 『서경부』에 필적할 만하다. 『삼도부』를 읽고 나니 그 여운이 오래토록 끊이질 않고 시간이 지날수록 더 큰 감동이 느껴진다"라고 평했다. 장화의 품평이 더해지자 먼저 귀족 가문에서 앞 다퉈 『삼도부』를 베껴서 소장하려 하기 시작했고 이렇게 해서 '낙양지귀'가 탄생하게 된 것이다. 좌사는 10년간의 노력과 의지를 통해 드디어 그의 재능을 인정받게 된 것이다.

하루에도 수십 번씩 생각을 바꾸는 사람이 있다. 눈앞의 이익을 위해 스스로 정한 인생의 목표를 바꾼다. 이런 부류의 사람들은 이리저리 뛰어다녀 봤자 아주 작은 이익을 얻을 수 있을 뿐이며 인간으로서 반드시 지녀야 할 의지와 존엄성을 잃게 되니 득보다 실이 더 크다. 좌사가 10년 만에 당대의 걸작을 탄생시킬 수 있었던 것은 모두 전심전력으로 끊임없이 노력했기 때문이다.

전심으로 뜻을 구하려는 생각이 없으면 이치를 깨달을 수 없다. 전심전력으로 일하지 않으면 빛나는 공적을 쌓을 수 없다. (…) 눈은 동시에 두 가지 물건을 똑바로 볼 수 없고, 귀는 동시에 두 가지 소리를 똑바로 들을 수 없다. 등사(용을 닮은 신비로운 뱀-역주)는 다리가 없지만 하늘을 날 수 있고, 박쥐는 온갖 재주를 다 지녔지만 곤궁함에서 벗어나지 못한다.

순자 · 권학

가난해도 큰 뜻을 품고, 부유해도 겸손하라

"군자빈궁이지광君子貧窮而志廣, 부귀이체공富貴而體恭"

순자 · 수신修身

군자는 가난하고 초라해도 원대한 이상을 품어야 하고, 부귀영화를 누리더라도 겸손하고 예의를 지킬 줄 안다.
보통 사람은 가난하면 의지가 꺾이기 쉽다. 그렇기 때문에 가난하면서도 원대한 이상을 품은 사람을 군자라 한다. 보통 사람은 부귀해지면 교만해지기 쉽다. 그렇기 때문에 부귀하면서 교만하지 않은 사람을 군자라 한다.

중국의 속담 중에 "사람은 가난하면 의지가 꺾이고, 말은 마르면 털이 길어진다"라는 말이 있다. 사람은 가난하면 스스로 능력이 없다고 생각하여 부귀한 사람을 보면 저절로 고개를 떨어뜨린다.

그러나 순자는 "군자는 가난하고 초라하더라도 원대한 이상을 품어야 한다"라고 말했다. 바꿔 말하면 정말 원대한 이상을 품은 사람은 가난해졌다고 해서 부끄러워하지 않는다.

순자는 이 말을 남기며 원헌原憲에 대한 칭찬을 아끼지 않았는데, 일찍이 제자들에게도 수차례 원헌의 이야기를 해 주었다.

원헌은 춘추 시대 노나라 사람이다. 그는 볏짚으로 덮은 작은 초가집에 살았다. 문틀은 뽕나무 가지로 만들고, 쑥풀을 엮어 문을 만들었다. 깨진 기와로 창문을 만들고, 방 한 가운데 낡은 천을 달아 양쪽으로 나누었다. 지붕엔 빗물이 세고, 바닥도 항상 습기가 차 눅눅했다. 그러나 원헌은 이 집에서 즐거운 마음으로 거문고를 타곤 했다.

어느 날 자공子貢이 큰 수레를 타고 원헌을 찾아왔다. 자공은 붉은 안감이 있는 새하얀 도포를 입었다. 원헌의 집이 가까워지면서 골목이 너무 좁아 자공의 큰 수레가 더 이상 들어가지 못하자 자공은 어쩔 수 없이 원헌의 집까지 걸어갔다. 원헌은 낡은 모자를 쓰고 닳아빠진 신발을 신고 명아주 지팡이를 짚고 문 앞에 서서 자공을 맞이했다. 자공은 원헌의 초라한 모습을 보고 자기도 모르게 웃음이 나왔다.

"이런! 선생 병이라도 난 게 아닙니까?"

이에 원헌은 이렇게 대답했다.

"돈은 없으면 가난하다고 하지요. 학식이 있지만 그것을 발휘하지 못하는 상황이 바로 병이 날 일입니다. 지금 나는 가난한 것이지 병이 날 상황은 아닙니다."

자공은 이 말을 듣자 얼굴이 달아올랐다.

순자는 한비와 이사를 비롯한 여러 제자들에게 스스로 잘났다고 생각하던 자공이 빈곤에 대한 원헌의 소견을 듣고 부끄러움을 감추지 못한 일화를 수차례 언급했다. 여기에서 자공이 부끄러워한 것은 병이 있는 사람이 바로 자신임을 깨달았기 때문이다. 그는 빈곤에 대해 원헌처럼 고차원적으로 사고하지 못한 것이 부끄러웠다. 자신은 가난을 그저 부끄러운 것이라 여긴 데 비해 원헌은 가난한 처지에서도 원대한 이상을 품고 있음을 알게 되었기 때문이다.

순자는 가난은 절대 두려워할 것이 아니며, 가난 때문에 의지가 꺾이는 일이야말로 정말 두려워해야 할 것이라 여겼다. 원대한 이상을 지니지 못한 정신적인 빈곤이야말로 진정한 빈곤이다. 그러므로 우리가 정말 두려워하고 경계해야 할 것은 가난 자체가 아니라, 가난과 타협하고 이상을 버리는 행위이다. 이상이 없는 사람은 머지않아 영혼의 붕괴를 맞이하고 비뚤어진 생각과 행동을 하게 될 것이다. 가장 큰 문제는 이러다가 정말 잘못된 길로 들어서는 것이다. 이렇게 되면 영원히 가난에서 벗어날 수 없다.

사람은 부귀로워지면 교만해지기 쉽다. 부자 중에 교만하지 않은 사람은 극히 드물다. 인간이란 본래 부귀를 감추기가 쉽지 않다. 늘 부귀함을 드러내고 싶어하고 그래야 심리적으로 만족감을 얻을 수 있다.

부귀롭다 하여 교만하지 말아야 한다는 것을 누가 모르겠는가? 재물이 많다 하여 남을 업신여기면 원한을 사고 결국 화를 자초하게 된다. 또한 질투를 유발하거나 나쁜 사람들의 목표물이 되어 해코지를 당할 수도 있다.

사실 부귀 그 자체는 나쁜 것이 아니다. 문제는 부귀하면서 겸손하지 못하고 예의가 없는 것이다. 부귀로워질수록 자신의 교만함,

탐욕을 자제해야 하며 예의를 중시하고 인의를 지켜야 한다. 이렇게 하면 절대 실수하는 일이 없을 것이다.

역사에서 배우기

심만삼沈萬三은 명나라 초기 유명한 대부호이다. 그는 이제 막 세워진 명나라 조정에 자신의 충성심을 표현하고 주원장朱元璋에게 환심을 사기 위해 온갖 재물을 갖다 바쳤다. 주원장은 심만삼의 본심을 잘 알고 있었으나, 그의 막대한 재물을 이용하고 싶은 생각이 더 컸다. 그래서 심만삼에게 자비를 들여 금릉金陵의 성벽을 보수하고 축조하라고 명령했다. 심만삼이 맡은 구간은 홍무문에서 수서문 사이로 전체 금릉 성벽의 1/3에 해당하는 긴 구간이었다. 막대한 자본을 투입해야 하는 대공사였지만 심만삼은 예정보다 일찍 공사를 끝내고, 자비를 들여 병사들의 노고를 위로하는 잔치를 벌이고 포상을 했다.

심만삼은 잔치를 벌이고 포상을 한 것은 본래 주원장의 환심을 사기 위한 것이었으나, 오히려 일을 그르치는 결과를 가져오고 말았다. 주원장은 심만삼이 잔치를 벌이고 포상을 했다는 소식을 듣자 크게 화를 냈다.

"과인은 백만이 넘는 군대를 거느리고 있다. 이들에게 모두 포상을 내릴 수 있겠느냐?"

심만삼은 주원장의 말속에 담긴 속뜻을 파악하지 못하고 별일 아니라는 표정으로 대답했다.

"황제께서 명령만 내리신다면 모든 병사들에게 은자 한 냥씩을 내리겠습니다."

주원장은 이 말을 듣고 더 크게 화가 났다. 주원장은 장사성張士誠, 진우량陳友諒, 방국진方國珍 등 여러 장수들과 함께 천하를 다투던 시절, 강남의 한 부호가 그의 적수에게 엄청난 재물을 지원하는 탓에 크게 고전했던 경험이 있었다. 이미 천하를 통일하고 새로운 나라를 세우기는 했으나, 아직 나라보다 백성이 더 부유한 상황이었기에 주원장은 심만삼의 태도를 도저히 용납할 수가 없었다. 심만삼이 감히 주제넘게 황제를 대신해 군에 포상을 내리겠다고 나섰으니 말이다. 그러나 주원장은 바로 노기를 드러내지 않고 잠시 침묵했다가 담담하게 대답했다.

"군에 포상을 내리는 일은 과인이 직접 할 수 있으니, 그대는 신경 쓸 것 없다."

주원장은 아무렇지도 않게 대답했으나, 마음속으로는 심만삼의 오만한 콧대를 반드시 꺾어주리라 마음먹었다. 얼마 뒤 심만삼은 또 다시 주원장에게 엄청난 재물을 바치러 왔다. 이때 주원장은 심만삼에게 엽전 한 닢을 주면서 이렇게 말했다.

"이것은 과인의 자본이다. 이 돈을 자네에게 빌려줄 터이니 한 달 후에 갚도록 해라. 단, 내일부터 시작해서 두 배의 이자가 붙을 것이다."

두 배의 이자가 붙는다는 것은 이자와 원금이 똑같다는 말이다. 즉, 주원장은 심만삼에게 매일 100%의 이자를 요구한 것이다. 또한 이자에 이자가 붙는 복리 방식으로 계산되었다.

심만삼은 어마어마한 부를 누리고 있었지만 사실 머릿속에 든 것이 없는 무식한 소인배였다. 심만삼은 주원장의 말을 듣고 '뭐, 별 거 아니네'

라고 생각했다. 둘째 날에는 이자까지 합쳐 2냥이고, 셋째날에는 4냥, 넷째날이 되어도 8냥밖에 안 되니 말이다. 이런 일이라면 두말할 것도 없을 터였다. 그래서 심만삼은 아주 흔쾌히 주원장의 제안을 받아들였다. 그러나 집에 돌아와 자세히 계산해 본 심만삼은 그제서야 놀라움에 입을 다물 수가 없었다. 10일 째 되는 날에는 이자와 원금을 합쳐 512냥밖에 안 되지만 20일 째에는 52만 4288냥이 되고, 마지막 30일 째에는 무려 5억 3687만 912냥이 된다. 심만삼이 아무리 재산이 많기로서니 5억 냥이 넘는 돈을 가지고 있을 리 만무했다.

　결국 심만삼은 파산했고, 주원장은 심만삼의 재산을 몰수하고 그 일가를 시골로 유배를 보냈다.

돈이 많다고 기세등등하고, 돈이 많다고 자신의 부를 과시하려 하는 이것이 바로 부자들의 교만이다. 심만삼은 본래 황제의 비위를 맞추려 했던 것이지만 자신의 부를 과시한 결과 스스로 무덤을 파고 말았다. 그러므로 부는 절대 드러내고 과시하지 말아야 한다는 사실을 반드시 기억하자. 부자가 자신과 재물을 지키려면 반드시 겸손해야 한다.

현명한 농부는 홍수나 가뭄이 들었다고 해서 농사를 멈추지 않고 현명한 장사꾼은 지금 당장 손해를 본다고 거래를 중단하지 않는다. 훌륭한 선비와 군자는 가난하다고 해서 도의를 버리지 않는다.

순자 · 수신

가난해도 큰 뜻을 품고, 부유해도 겸손하라

단점을 감추고 장점을 드러내면 쉽게 성공할 수 있다

> "무용오지소단無用吾之所短, 우인지소장遇人之所長"
>
> 순자 · 대략大略

자신의 단점을 이용하려 하지 말고, 다른 사람의 장점을 얻으라.
자신의 장점을 이용하고 자신의 단점을 숨길 수 있다면 어떤 변화에도 잘 대처할 수 있다. 자신의 재능과 기지를 충분히 발휘하여 유리한 위치를 점할 수 있으니 쉽게 성공을 얻을 수 있다. 사람은 누구나 단점이 있고, 또한 다른 사람에게 없는 장점도 가지고 있다. 때문에 자신의 장점을 충분히 활용하면 보다 쉽게 성공을 얻을 수 있다.

순자는
"자신의 단점을 이용하려 하지 말고, 다른 사람의 장점을 얻으라. 그러므로 난관에 봉착했을 때 자신의 단점을 피해야 하며, 작은 행동이라도 반드시 최대한 자신의 장점을 발휘해야 한다"라고 말했다.

'양장피단養長避短'은 장점은 발휘하고 단점은 숨겨야 한다는 뜻이다. 이것은 성공을 위한 최선의 방법이기도 하다.

전기田忌의 말 경주 이야기는 '양장피단'의 가장 좋은 예이다.

옛날 제나라 왕이 전기에게 말 경주를 제안했다. 각자 가지고 있는 말을 상, 중, 하 세 등급으로 나눈 후, 각 등급 최고의 말로 세 번 시합을 벌이는 것이었다. 매번 시합을 치를 때마다 지는 쪽이 이긴 쪽에게 황금 천 냥을 주어야 했다. 당시 제나라 왕의 각 등급 최고의 말은 모두 전기의 동급 말보다 뛰어났다. 만약 전기의 말이 제나라 왕의 동급 말과 시합을 한다면 전기는 반드시 패할 수밖에 없었다. 그러나 모두의 예상을 뒤엎는 일이 벌어졌다. 전기는 총 세 번의 시합 중 한 번 지고 두 번 이겨 황금 천 냥을 얻고 최종 승리를 거머쥐었다. 어떻게 된 것일까? 시합이 벌어지기 전 전기의 모사 손빈孫臏이 내놓은 계략 덕분이었다. 그 계략이란 전기의 하등급 말을 가장 먼저 제나라 왕의 상등급 말과 시합을 붙이고, 전기의 상등급 말은 제나라 왕의 중등급 말과, 전기의 중등급 말은 제나라 왕의 하등급 말과 시합하게 하는 것이었다. 전기의 하등급 말은 당연히 졌지만, 전기의 상등급, 중등급 말은 모두 제나라 왕의 말을 이겼다.

똑같은 말이지만 경기 출전 순서를 조정함으로써 전기는 패배가 거의 확실했던 시합을 승리로 바꿀 수 있었다. 여기에서 전기가 이용한 계략이 바로 '양장피단'이다.

사람은 누구나 단점이 있고, 또한 다른 사람에게 없는 장점도 가지고 있다. 때문에 자신의 장점을 충분히 활용하면 보다 쉽게 성공을 얻을 수 있다. 재주가 미약하고 지혜나 체력이 뒤떨어지는 사람이라도 반드시 다른 사람이 갖지 못한 재능을 가지고 있기 때문에 열심히 노력하면 반드시 성공할 수 있다.

그러나 안타깝게도 우리 주변에는 자신의 재능을 발휘하면 충분히 성공할 수 있는 일을 제쳐 두고 자신의 재능과 전혀 상관없는 일과 씨름하는 사람들이 너무나 많다. 대부분의 사람들이 충분히 성공할 수 있음에도 불구하고 바쁘게 움직이기만 할 뿐 결과를 얻지 못하는 것은 바로 이런 이유 때문이다.

자신의 장점을 최대한 발휘할 수 있는 일을 하지 않는 것은 자신이 가진 최고의 경쟁력을 버리는 것과 같다. 열심히 노력해서 자신의 단점을 극복할 수는 있겠지만, 잘해 봤자 '아마추어 전문가' 정도밖에 되지 못할 것이다.

순자는 위에서 말한 안타까운 상황을 최대한 피하고 자신의 장점을 가장 잘 발휘할 수 있는 곳에서 최선을 다해 최고가 되어야 한다고 말했다. 이를 위해 다음 몇 가지 사항을 수시로 점검하라.

첫째, 자신의 장점을 분명히 파악하고 있는가?

둘째, 자신의 장점을 발휘하여 최대한의 결과를 얻도록 노력하고 있는가?

셋째, 항상 배우는 자세로 끊임없이 새로운 지식을 습득하고 있는가? 시간이 흐를수록 자신이 발전하고 있는가?

역사에서 배우기

조니라는 캐나다사람이 있었다. 그의 부모는 배운 것이 없어 막노동으로 어렵게 생계를 꾸려가면서 오로지 자식을 대학에 보내 성공시켜야 한다고 생각했다. 그러나 조니가 고등학교에 진학한 후 조니의 지능이 다른 친구들에 비해 현저하게 떨어진다는 것을 알게 되었다. 조니는 다른 친구들보다 몇 배나 열심히 공부했음에도 불구하고 다른 친구들을 따라가기가 힘들었다. 조니의 담임선생님은 오랫동안 조니를 지켜본 후 그에게 충고했다. 선생님은 먼저 조니의 단점을 정확히 지적했다. 조니는 공부 쪽으로는 전혀 재능이 없었다. 선생님은 조니가 이대로 계속 대학에 진학하려 공부에 매달린다면 시간만 낭비하게 될 것이라고 말했다.

조니는 부모님이 자신에게 큰 기대를 걸고 있음을 잘 알기에 선생님의 충고는 그에게 큰 실망을 안겨 주었다. 그러나 조니는 선생님의 뜻을 분명히 이해했기에 대학 진학을 포기했다. 대신 다른 여러 가지 일들을 경험하기 시작했다. 그러나 조니는 그리 총명하지 않았기 때문에 무슨 일을 해도 다른 사람의 반도 쫓아가지 못했다. 자신에게 맞는 직업을 찾는 것조차 힘든 상황이었기 때문에 조니는 어떤 분야에서 성공을 하고 최고가 된다는 것은 꿈도 꾸지 못했다. 그러던 중 조니는 우연히 정원 손질을 시작했다. 정원 손질은 조니가 전혀 생각지 못한 일이었으나, 뜻밖에도 여기에서 그의 장점이 발견되었다. 조니가 돌보는 화초들은 신기하게도 아름답게 무럭무럭 자랐다. 조니가 꾸민 정원은 마치 아름다운 예술 작품 같았다.

어느 날 조니는 시청 후문 앞을 지나가다가 쓰레기가 잔뜩 쌓여 있는 공터를 발견했다. 조니는 시청에 이 공터를 화원으로 꾸밀 수 있게 해달라고 건의했다. 조니는 공터 외에 다른 일체의 비용은 받지 않았다.

얼마 뒤 시청 후문 옆에 아름다운 작은 정원이 생겼다. 푸르른 잔디 사이로 아기자기한 작은 길이 나 있고 가지런히 심어져 있는 나무 사이 밑에는 아늑한 그늘도 있었다. 사람들은 부지런하고 유능한 정원사 조니를 존경의 눈빛으로 바라보기 시작했다.

　20년의 노력 끝에 조니는 캐나다에서 가장 유명한 정원사가 되었다. 조니는 지능이 뒤떨어져 역학이나 미적분을 이해하지 못하고 대학에도 가지 못했지만, 그는 결국 아주 뛰어난 정원사가 되었다. 조니의 성공으로 그의 부모님들 역시 매우 행복했다.

인간이 선천적으로 타고난 조건에는 분명 커다란 차이가 존재한다. 어떤 사람은 선천적으로 총명하지만 어떤 사람은 선천적으로 우둔하다. 어떤 사람이 한 시간 만에 배울 수 있는 것을 다른 사람은 하루 종일 배워도 못할 수 있다. 일단 이런 선천적인 조건의 차이가 존재한다는 것을 인정하라. 자신의 능력과 수준을 빠르고 정확하게 판단할수록 자신의 능력에 맞는 최상의 자리를 찾을 수 있다. 늦지 않게 정확히 자신의 자리를 찾아내고 모든 에너지를 한곳에 쏟아 붓는다면 누구든 반드시 자신의 분야에서 최고가 될 수 있다.

자신의 단점을 이용하려 하지 말고, 다른 사람의 장점을 얻으라. 그러므로 난관에 봉착했을 때 자신의 단점을 피해야 하며, 작은 행동이라도 반드시 최대한 자신의 장점을 발휘해야 한다. 군자는 이미 알고 있음에도 법을 지키지 않고, 상황을 이해하고 있음에도 도리에 어긋나며, 용감하더라도 예가 없는 자를 미워하는 것이다.

순자 · 대략

단점을 감추고 장점을 드러내면 쉽게 성공할 수 있다

상황에 따라 굽히거나 나설 줄 아는 처세술

"군자君子, (…) 여시굴신與時屈伸, 유종약포위柔從若蒲葦, 비섭겁야非慴怯也."
— 순자 · 불구不苟

군자는 상황에 맞게 굽히거나 나설 줄 알아야 한다. 마치 갈대처럼 유연하게 행동하지만 절대 소심하거나 겁쟁이가 아니다.

똑똑하고 능력 있는 사람은 좋은 상황과 조건이 갖추어지면 자신의 뜻을 최대한 펼친다. 그러나 상황이 좋지 않을 때는 지나치게 능력을 과시하면 화를 자초할 수 있다. 그러므로 상황이 좋지 않을 때는 지혜와 능력을 감추어야 외부로부터 자신을 보호할 수 있다. 감정의 변화를 겉으로 드러내지 않고 꾸준히 착실하게 일을 도모하는 것이 최선의 방법이다.

순자는

평소에 자주 영무자寧武子를 칭찬했다. 영무자가 지혜를 발휘하는 일은 누구나 할 수 있는 일이지만, 그가 난세를 맞이하여 자신의 재능을 숨기고 일부러 어리석은 척했던 처세술은 아무나 할 수 있는 것이 아니기 때문이다.

영무자는 춘추 시대 위衛나라에서 대부大夫를 지낸 인물이다. 위나라 대혼란의 시기에 살았던 영무자는 위 문공文公과 위 성공成公

두 명의 왕을 모셨다. 이 두 시기는 완전히 극과 극의 상황이었으나 영무자는 두 시기 모두 위나라 조정에서 자신의 자리를 지켜냈다.

위 문공 시절은 투명한 정치로 매우 안정된 시기였다. 이때 영무자는 자신의 모든 재능을 발휘하여 훌륭한 업적을 남겼고, 현자로 칭송받았다.

그러나 위 성공 시절은 정치적 암흑기로 사회가 매우 혼란스러웠다. 이때 여전히 관직에 있던 영무자는 예전과 달리 아무것도 모르는 바보처럼 아주 어리석게 행동했다. 그러나 영무자는 겉으로는 어리석게 행동하면서도 보이지 않게 나라를 위해 여러 가지 일을 진행했다.

순자는 제자들에게 어리석은 체하며 보이지 않게 나라와 백성을 위한 정책을 펼친 영무자의 지혜를 수차례 강조했다. 순자가 보기에 영무자는 처세술의 달인이었던 것이다.

순자가 말하길 "군자는 상황에 맞게 굽히거나 나설 줄 알아야 한다. 마치 갈대처럼 유연하게 행동하지만 절대 소심하거나 겁쟁이어서가 아니다"라고 했다. 사람은 시기와 상황에 따라 굽혀야 할 때 굽히고 나서야 할 때 나서야 한다. 그것이 바로 지혜이다. 굽힌다는 것은 힘을 아끼고 모으는 것이며, 나선다는 것은 자신의 모든것을 드러내는 것이다. 굽히고 나설 줄 아는 것은 현자의 처세술로 어느 정도 수양이 쌓이지 않으면 쉽게 할 수 없다.

순자는 우리에게 상황이 안 좋을 때는 갈대처럼 유연하게 대처해야 함을 강조했다. 그러나 이것은 주변 상황에 굴복하거나 아무 생각 없이 행동하라는 뜻이 아니며 자신의 신념과 절개를 포기하라는 뜻은 더더욱 아니다. 이것은 물러남으로써 나아가고, 어리석음으로 지혜를 지키는 뜻이다. 즉 의미 없는 희생을 지양하고 상대방에게 꼬투리 잡힐 일을 하지 않으면서 오히려 상대의 경계심을 늦추고 자신의 에너지를 모으며 기회를 기다려야 함을 의미한다.

그러나 현실적으로 볼 때 전반적인 정치 사회 상황이 깨끗하고 정상적이라도 곳곳에서 작지만 여의치 않은 상황이 닥칠 때가 많다. 예를 들어 사회생활 중 겪게 되는 복잡한 인간관계이다. 이런 문제라면 다소 어리석은 것이 훨씬 유리하다. 말을 많이 하거나 튀어 보이면 곳곳에 적이 생기고 여러 가지 시비에 말려들 위험이 높다. 어쩔 수 없는 상황이 벌어진다면 차라리 도망치는 것이 낫다. 나쁜 사람 혹은 안 좋은 일을 만났을 때 고지식하게 정면 대결하려 하지 말고 한 걸음 물러날 줄 알아야 한다. 냉정하고 침착하게 자신을 보호할 수 있는 방법을 찾아 천천히 문제를 해결하도록 하라.

순자가 우리에게 주는 교훈은 결코 남을 속이거나 기만하라는 뜻이 아니다. 열악한 환경에 처했을 때 어떻게 해야 정의를 지키면서 자신을 보호할 수 있는가에 대한 것이다. 순자는 『시경』에 나오는 구절을 인용하여 다시 한 번 이 교훈을 강조했다.

"군자는 왼쪽으로 가야 할 때 마땅히 왼쪽으로 가고, 오른쪽으로 가야 할 때 마땅히 오른쪽으로 간다."

순자는 이 정도의 처세술의 경지에 이르면 시기와 상황에 맞게 굽히고 나설 줄 알게 된다고 말했다.

역사에서 배우기

　대학원에서 문헌정보학을 전공한 한 석사 졸업생이 졸업 후 한 연구소에 취직했다. 그리고 얼마 뒤 문헌 분류 목록 표준화 프로젝트에 참여하게 되었다. 이 청년은 문헌정보학을 전공한 만큼 자신이 연구소의 다른 어떤 직원보다 이 프로젝트를 잘 이끌어 나갈 수 있을 것이라고 자신했다. 프로젝트가 막 시작될 무렵, 프로젝트를 총괄하는 팀장이 누구든 좋은 생각이 있으면 자유롭게 의견을 제시하라고 말했다. 이에 자극받아 청년은 여러 가지 의견을 제시했다. 이 중에는 연구소 간부들에게 해당되는 것도 있었고, 연구소 전체의 질서, 제도 그리고 앞으로의 발전 방향에 대한 것까지 온갖 내용이 언급되었다. 청년은 자신의 의견을 제시하면서 연구소 운영 상 존재하는 문제점과 폐단을 언급하고 상세한 개선 방안까지 내놓았다. 팀장은 청년의 의견에 동감을 표시했고, 다른 연구원들도 특별히 반대하지 않았다.

　그러나 청년이 제시했던 문제점은 전혀 개선되지 않았다. 오히려 청년은 거의 모든 연구소 직원들에게 미움을 사고 말았다. 또한 연구소의 실세 간부들도 청년을 오만하고 경솔하다고 생각했으며, 심지어 그가 미쳤다고 생각하는 사람도 있었다. 그 결과 청년은 일 년이 지나도록 제대로 된 업무를 배정받지 못했다. 일 년이 지난 어느 날 이 청년을 불쌍히 여긴 한 선배가 조용히 그에게 충고해 주었다.

　"나도 처음 사회생활을 시작했을 때 자네와 같은 경험을 했지. 지금까지도 후회막심이라네. 이봐, 아무래도 자네는 직장을 옮기는 게 좋겠어. 자네는 이미 연구소 사람들에게 미운 털이 박혔으니, 여기에서는 자네 뜻을 이룰 수 없을 게야."

 청년은 결국 자의 반 타의 반으로 연구소를 그만두어야 했다. 청년이 사표를 내던 날 팀장은 그의 어깨를 두드리며 이렇게 말했다.

 "정말 안타깝군! 난 정말 자네를 보내고 싶지 않네. 자네를 내 후계자로 삼으려는 생각도 했었다고!"

 청년은 안타깝다는 말을 연발하는 팀장을 뒤로 하고 쓴웃음을 지으며 연구소를 떠났다.

훌륭한 것일수록 겉으론 부족해 보이고, 진정한 용기가 오히려 나약해 보일 때가 있다. 가장 뛰어난 처세술은 바로 자신이 가진 것을 감출 줄 아는 것이다. 있는 그대로 자신의 재능을 모두 드러내는 것은 진정한 지혜가 아니다. 이야기 속의 청년은 굽히고 나서야 할 때를 가리지 못했을 뿐 아니라, 겸손함과 재능을 숨겨야 하는 도리를 몰랐기 때문에 결국 자신의 미래를 망치고 말았다.

군자는 상황에 맞게 굽히거나 나설 줄 알아야 한다. 마치 갈대처럼 유연하게 행동해야 한다. 이것은 소심하거나 겁쟁이기 때문이 아니다. 군자는 강인한 의지로 용감하고 의연하게 행동하며 굽히지 말아야 한다. 이것은 오만하고 잔혹하기 때문이 아니다. 이 모든 것은 군자가 예의에 따라 시기의 변화에 적응할 줄 알고 옳고 그름을 정확히 이해하기 때문이다.

순자 · 불구

온화하고 후덕한 인품을 기르라

"『시』왈詩曰, 온온공인溫溫恭人, 유덕지기維德之基, 차지위야此之謂也."

순자·군도君道

『시경』에 이르길, "온유함과 후덕함은 도덕의 근본이자 기초이다"라고 했다. 온유하다는 것은 온화하고 유순하다는 뜻이며, 후덕하다는 것은 소박하고 도의가 두텁다는 뜻이다. 온유함과 후덕함은 본래 온화하고 소박하며 도의가 두터운 태도를 가리키는 것이었으나, 지금은 따뜻하고 친절하게 상대방을 대하는 태도로 광범위하게 쓰이고 있다. 온유함과 후덕함은 우리가 반드시 갖추어야 할 기본적인 인품이다.

예부터

『시경』, 『상서尙書』, 『논어』와 같은 고서에는 군자의 온유하고 후덕한 인품에 대한 내용이 많이 언급되었다.

순자는 이러한 선진 사상을 계승하여 온유함과 후덕함을 군자의 중요한 인품으로 여겼다. 순자는 군왕의 인품과 태도에 대해 논하면서 『시경』에 나오는 구절을 인용했다.

"온유함과 후덕함은 도덕의 근본이자 기초이다."

여기에서 순자는 도덕과 이상을, 인격을 평가하는 중요한 기준으로 삼고 있다. 그러므로 군자는 온유함과 후덕함을 내면 인격 수양의 근본으로 삼아야 하는 것이다.

그렇다면 온유하고 후덕한 인품이란 어떤 것인가? 순자는 「불구」에서 이렇게 말한다.

"군자는 너그럽고 온화하며 냉정하지 않다. 예리한 통찰력을 지녔지만 남에게 상처주지 않는다. 논리적으로 말을 잘 하며 억지를 쓰지 않는다. 명확한 입장을 표명하지만 극단적이지 않다. 정직하며 오만하거나 남을 깔보지 않는다. 강한 의지를 지녔으나 난폭하지 않다. 온순하지만 부화뇌동하지 않는다. 겸손하고 신중하며 도량이 넓다."

또한 순자는 「불구」에서 이렇게도 말했다.

"군자는 원대한 이상을 펼칠 때는 하늘과 자연의 법칙에 따르고, 작은 이상을 이루려 할 때는 조심스럽게 예의에 따라 자신을 절제한다. 지혜를 발휘할 수 있을 때는 확실하게 일을 처리하고, 어리석음을 가장해야 할 때는 단정하고 충직하게 법을 준수한다. 신임을 얻었을 때는 신중하고 조심스럽게 진퇴를 결정하고, 중용되지 않았을 때는 예의를 지키고 자신을 뒤돌아본다. 기쁠 때는 온화하게 예의를 지켜야 하고, 근심이 있을 때는 조용히 피해가야 한다. 성공했을 때는 말과 행동을 고상하고 분명히 하고 곤궁할 때는 말을 아껴야 한다."

그래서 순자는 "군자는 순조로운 상황에서는 더 겸손해지고 절대 경거망동하지 않으며 어려운 상황에 처하면 신중하게 주변을 경계하고 침착하게 도리를 지킬 줄 안다"라고 말했다.

또한 군자는 애증을 명확히 구분할 줄 알아야 한다고 강조했으며, 모든 것을 받아들일 수 있는 넓은 포용력을 가져야 한다고 강조했다.

결론적으로 우리는 모두 스스로 온유하고 후덕한 인품을 길러야 한다는 것이다. 온유하고 후덕한 인품을 지녀야 어떤 환경에서든 근심 걱정 없이 살아갈 수 있고, 어떤 일이든 어려움 없이 진행할 수 있고, 평생 화를 멀리하고 행복하게 살 수 있다.

역사에서 배우기

1835년 모건Morgan은 '에트나화재'라는 작은 보험회사의 주주가 되었다. 이 회사는 당장 돈을 내지 않아도 주주 명단에 이름만 올리면 주주가 될 수 있었다. 당시 현금은 없었지만 큰 수익을 원했던 모건에게 절호의 찬스였던 셈이다.

그런데 얼마 후 에트나화재 보험회사에 가입한 고객 중 한 명이 큰 화재를 당했다. 규정에 따라 보험금을 지급할 경우 회사는 분명 파산할 터였다. 그러자 에트나화재의 주주들은 크게 당황하며 잇달아 보유한 주식을 팔았다.

그러나 모건은 심사숙고 끝에 돈보다 자신의 신용이 훨씬 중요하다는 결론을 내렸다. 그리고 주변 사람들을 찾아다니며 돈을 빌리고 살고 있던 집을 처분해 마련한 돈으로 다른 주주들이 내놓은 주식을 헐값에 사들였다. 그리고 화재를 당한 고객에게 규정대로 보험금을 지급했다.

이 사실이 알려지자 에트나화재는 단박에 유명해졌다. 그러나 빈털터리가 된 모건은 에트나화재 보험회사의 소유주가 되었지만 회사는 곧 파산할 위기에 처해 있었다. 모건은 궁여지책으로 "에트나화재 보험회사에 가입하는 고객에게 보험금 2배를 지급하겠다"는 광고를 냈다.

뜻밖에도 수많은 고객이 몰려들었다. 사람들은 얼마 전 있었던 보험금 지급 소식으로 에트나화재 보험회사를 가장 신용 있는 보험회사로 인식하고 있었던 것이다. 덕분에 에트나화재 보험회사는 다른 대형 보험회사들을 제치고 눈부시게 성장하기 시작했다.

몇 년 후 모건은 미국 월가에서 가장 유명한 대부호가 되었다.

모건이 성공할 수 있었던 이유는 우연한 화재 사고 때문이 아니라 그가 돈보다 신용을 중시했기 때문이다. 신용은 진실하고 도의를 지키는 사람이라면 당연히 가지고 있는 덕목이다. 진실함과 도의는 인간이 지녀야 할 가장 소중한 덕목이다. 진실하고 도의를 지키는 사람은 주변 사람들로부터 신임을 받기 때문에 큰 어려움이나 위기를 거의 겪지 않는다. 간혹 피할 수 없는 화가 미치더라도 이것은 오히려 전화위복의 기회가 될 것이다.

군자는 그 행동에 있어 지극히 하기 어려운 일이라면 결코 중요하게 여기지 않고, 그 말을 함에 있어 지나치게 빈틈없고 세밀하다면 결코 중요하게 여기지 않으며, 그 명성에 있어 지나치게 과장되어 널리 알려진 것이라면 결코 중요하게 여기지 않는다. 오로지 사리에 합당할 경우에만 중요하게 생각하는 것이다.

순자 · 불구

자신의 감정에 따라 행동하지 말라

"『서』왈書曰, 무유작호無有作好, 준왕지 도遵王之道, 무유작오無有作惡, 준왕지로遵王之路."

순자 · 수신修身

『상서』에서 이르길, "자신이 좋아하는 것에 따라 행동하지 말고, 선왕의 도를 따르라. 자신이 증오하는 것에 따라 행동하지 말고, 선왕의 길을 따르라."
사람이라면 반드시 자신의 육욕칠정을 다스릴 수 있어야 하고 자신이 좋아하고 증오하는 것에 따라 행동하지 않아야 한다. 만약 자신이 좋아하는 것에 따라 행동하면 쾌락에 빠져 원대한 이상과 도덕을 잃게 될 것이다. 또한 자신이 증오하는 것에 따라 행동하면 다른 사람에게 원한을 사고 화를 자초하게 될 것이다.

순자는 "군자는 공익과 정의로 사리사욕을 이겨낼 수 있다"라고 했다. 그렇다면 군자는 어떻게 행동해야 하는가?

순자는 『상서』「홍범洪範」의 내용을 인용해 이렇게 말했다.

"자신이 좋아하는 것에 따라 행동하지 말고, 선왕의 도를 따르라. 자신이 증오하는 것에 따라 행동하지 말고, 선왕의 길을 따르라."

[1] 자신이 좋아하는 것에 따라 행동하지 말라

"술, 재물, 거문고, 피리, 말, 거위, 비단, 신발 등 어느 하나를 지나치게 좋아하는 사람은 반드시 잃는 것이 있다"라는 말이 있다.

사람은 누구나 좋아하는 것이 있다. 그리고 좋아하는 것에는 고상한 것이 있고 저속한 것이 있다. 예를 들어 술, 재물, 이성을 좋아하는 것은 저속한 것이라 할 수 있고 거문고, 피리, 바둑 등을 좋아하는 것은 고상한 것이라 할 수 있다. 그런데 저속한 것을 좋아해서 화가 미칠 수 있다는 말은 쉽게 이해가 되지만, 고상한 것을 좋아할 때도 손해가 있다는 것은 어떤 의미일까? 이것은 아마도 즐거움에 빠져 이상과 포부를 잃을 수 있다는 뜻일 것이다.

예를 들어 보자. 두루미는 희귀한 새로 우아한 자태와 맑은 울음소리가 특징이다. 예부터 행운과 장수의 상징으로 수많은 명사들로부터 사랑을 받아왔다. 춘추 시대 위나라 왕 의공懿公이 두루미를 매우 좋아했다. 두루미를 좋아하는 것은 본래 고상한 취미이지만 한 나라의 군왕인 의공은 백성보다 두루미를 더 좋아하기 시작하면서 점점 시비를 가리지 못하고 도리를 잃어갔다. 그 결과 조정은 엉망이 되고 민심이 떠나면서 결국 망국을 초래하고 말했다. 의공의 예에서 보건데 고상한 취미라 하더라도 정도가 지나치면 반드시 화를 초래한다.

취미 그 자체는 나쁜 일이라 할 수 없으나 좋아하는 정도가 지나쳐 도리에 어긋나면 화를 자초할 수밖에 없다. 자신이 좋아하는 것에 따라 행동하지 말라는 것은 취미 활동을 할 때도 늘 이성적으로 판단하고 행동하라는 뜻이다. 이렇게 해야 주체성을 잃지 않고 자기가 좋아하는 것에 빠져 인생을 그르치지 않을 것이다.

(2) 자신이 증오하는 것에 따라 행동하지 말라

증오란 누군가를 미워하는 것을 뜻한다. 누군가를 미워하는 것은 그 사람의 품행이 단정치 못하여 모두가 인정하는 도덕규범에서 어긋나거나 우리의 이익이나 생명을 위협하기 때문이다.

옛말에 "길이 다른 사람과는 함께 일을 도모하지 마라"라는 말이 있다. 그러나 길이 다르다고 하여 상대방을 멸시하거나 평생 가까이 하지 않는 것은 잘못된 것이다.

오吳나라 대장군 여몽呂蒙은 어린 시절 학문을 닦을 기회가 없어 글을 써야 할 일이 있어도 늘 말로 대신해야 했다. 이런 까닭에 채유蔡遺는 여몽을 무시하여 손권孫權 앞에서 늘 여몽의 험담을 늘어놓곤 했다. 그런데 얼마 뒤 손권이 여몽에게 인재 추천을 요청했을 때 여몽은 뜻밖에도 채유를 추천했다.

여몽은 자신이 증오하는 것에 따라 행동하지 않는 모범을 보여주었던 것이다. 이 일을 계기로 손권은 여몽을 높이 평가하여 더욱 중용하게 되었다.

공정한 마음을 유지하며 타인을 미워할 수 있는 사람은 분명 인자仁者라 할 수 있다. 그러나 개인의 감정으로 타인을 미워하는 사람은 반드시 누군가로부터 원한을 사게 될 것이다.

다시 말해 공정한 마음을 유지하며 타인을 미워하더라도 반드시 정도를 지켜야 한다고 할 수 있다. 만약 도가 지나치면 상대방은 언젠가 원수를 되갚을 것이다. 그러므로 타인을 증오하기보다 이해하고 존중하는 것이 중요하다. 내가 먼저 누군가에게 선의를 베풀면 그 사람은 많은 사람들 앞에서 나를 망치려 하지 않을 것이다.

역사에서 배우기

삼국 시대 오나라 손권은 두 사람을 아주 싫어했다. 바로 장소張昭와 우번虞翻이다.

손권은 이 두 사람을 싫어하기는 했지만 그렇다고 해서 두 사람의 장점까지 미워하지는 않았다. 그래서 손권은 두 사람의 능력이 필요한 곳이 있으면 주저하지 않고 그들을 중요한 자리에 기용했다.

장소는 성품이 강직할 뿐 아니라, 손권보다 나이가 많음을 내세워 거만하게 굴었다. 조정 대신들 앞에서 손권에게 지지 않고 기 싸움을 벌였다. 그러나 손권은 차마 장소를 파직하지 못하고 잠시간 조정에 출입하지 못하게 했다.

얼마 뒤 촉蜀에서 온 사신이 손권 앞에서 촉나라의 공이 얼마나 큰지에 대해 요란하게 떠들어댔다. 그러나 당시 오나라 조정 신하들 중 촉나라 사신에 견줄 말재주와 위엄을 지닌 자가 없었다. 이에 손권은 한숨을 내쉬며 이렇게 말했다.

"만약 장소가 있었다면 저자가 우리에게 승복하지는 않더라도 최소한 저 콧대는 꺾어놓을 수 있었을 것이다. 어디서 감히 자화자찬이란 말이냐?"

그리하여 손권은 다음 날 당장 사람을 보내 장소를 위로하고 다시 직접 장소를 찾아가 조정에 들게 했다.

우번은 뛰어난 재능을 지녔으나 지나치게 오만방자하여 손권 앞에서도 여러 번 무례한 짓을 저질렀다. 우번의 무례함을 도저히 참을 수 없었던 손권은 결국 그를 교주交州로 귀양을 보냈다.

얼마 뒤 손권은 요동遼東 정벌을 떠났다가 태풍 때문에 엄청난 손실을 입었다. 손권은 요동 정벌을 후회하며 이렇게 말했다.

"예부터 군왕의 말이라면 뭐든지 순종했던 조간자趙簡子보다 주사周舍의 직언이 중요하다 했다. 우번은 충성스럽고 정직하며 늘 할 말을 하고야 말았으니 우리 오나라의 주사로다. 만약 우번이 곁에 있었다면 분명 나를 설득해 요동 정벌을 취소하게 만들었을 것이다."

그래서 손권은 당장 교주로 사람을 보내 우번의 안부를 알아오게 했다. 만약 우번이 살아 있으면 당장 왕궁으로 데려오고, 만약 이미 세상을 떠났다면 그의 장례를 성대하게 치러 주라는 명령을 내렸다.

손권은 도량이 넓고 너그러운 사람이었기 때문에 자신이 싫어한다고 해서 인재를 버리지 않았다. 그러나 현대 사회의 지도자 중에는 손권과 같은 도량을 지니지 못한 사람이 아주 많다.

노인을 공경한다면 모든 청년과 장년이 저절로 따르게 된다. 어려움에 처한 사람을 멸시하거나 모욕하지 않는다면 능력을 가진 사람들이 모여들 것이다. 남몰래 좋은 일을 하고 원한을 되갚지 않으면 재능 있는 사람과 재능 없는 사람이 함께 모여들게 될 것이다. 이 세 가지를 실천하면 아무리 큰 죄를 짓더라도 하늘이 버리지 않을 것이다.

순자 · 수신

자신의 감정에 따라 행동하지 말라

일이 커지기 전에 미리 막으라

"화지소유생야禍之所由生也, 생자섬섬야生自纖纖也."

순자 · 대략大略

화는 아주 사소한 곳에서 생겨난다.
천리가 넘는 제방이 개미구멍에 무너진다는 말처럼 재앙의 근원은 아주 사소하여 지나치기 쉬운 곳에서 있다. 그러므로 작은 일이라도 일이 커지기 전에 미리 막아야 한다. 그러나 일이 커지기 전에 미리 예방한다는 것은 결코 쉬운 일이 아니다. 항상 신중한 태도를 유지하면 비록 재난이 닥치더라도 자신을 지킬 수 있다.

순자는 「권학」에서 이렇게 말했다.

"꾸준히 흙을 쌓으면 높은 산을 만들 수 있고, 여기에서 비바람이 생겨난다. 작은 물이 모여 깊은 연못이 되고, 이곳에서 교룡蛟龍이 탄생한다. 꾸준히 훌륭한 행동을 쌓으면 훌륭한 인품을 키울 수 있고, 지혜가 쌓이고 성현과 같은 사상 경지에 오를 수 있다. 그러므로 반걸음, 한 걸음의 노력이 쌓이지 않으면 천리 밖에 도달할 수 없고,

작은 시내가 모이지 않으면 커다란 강과 바다가 만들어질 수 없다."

모든 사물은 작게 출발하여 크게 발전하고, 양이 증가하면 점차 질적인 변화가 일어난다. 그러므로 작은 일이라도 절대 소홀히 지나치지 말고 작은 변화에도 주의를 기울여야 한다.

순자는 「대략」에서 "화는 아주 사소한 곳에서 생겨난다. 그러므로 군자는 적시에 화근을 제거해야 한다"라고 했다. 재앙을 멀리 하려면 반드시 일이 커지기 전에 미리 예방해야 한다는 것이다.

졸졸 흐르는 약한 물줄기도 바위를 뚫을 수 있는 것이다. 하늘을 찌를 듯한 거목도 여린 잎이 달린 묘목이 자라 커진 것이다. 그러나 사람들은 이처럼 작고 사소한 부분에 소홀하여 결국 화를 자초하고 만다. 그러므로 작은 부분에서부터 신중하면 재난이 아직 묘목 수준에 머물러 있을 때 뿌리를 잘라낼 수 있다. 이렇게 하면 전화위복의 기회를 만들어내어 평화롭고 안정적인 삶을 살 수 있다.

결국 순자가 "일이 커지기 전에 미리 예방해야 한다"라고 말한 것은 다음 두 가지 의미를 포함하고 있다고 볼 수 있다. 하나는 작고 사소한 일에 소홀하지 말 것이며, 나머지 하나는 조금씩 변하는 상황을 놓치지 말라는 것이다. 여기서 말하는 작고 사소한 일이란 개미굴처럼 아주 작아 대부분의 사람들이 주의를 기울이지 못하는 것이다. 그러나 개미굴이 만들어내는 위협은 매우 크다. 강물이 불어나면 개미굴로 물이 흘러들어가고 둑 내부에 빈 공간이 커지면서 결국 둑은 붕괴되고 말 것이다. 조금씩 변하는 상황이란 양의 변화가 질의 변화로 옮겨가는 과정을 의미한다. 이 과정은 당사자조차도 감지할 수 없을 만큼 아주 천천히 움직이기 때문에 대부분의 사람들은 무슨 일이 일어나고 있는지 알지 못한다. 그러나 이 작고 느린 변화는 아주 치명적인 만성병을 만들어낸다. 질병 초기단계에서는 전혀 통증을 느끼지 못하지만 일단 한계선을 넘어서면 병을 고치기 어려워진다. 이 상황이 되면 어떤 치료법도 찾을 수 없기 때문에 뒤늦게 후회해도 아무 소용없다.

그러나 일이 커지기 전에 미리 예방한다는 것은 결코 쉬운 일이 아니다. 항상 신중한 태도를 유지하면 비록 재난이 닥치더라도 자신을 지킬 수 있다.

역사에서 배우기

『사기史記』「편작전扁鵲傳」에 이런 이야기가 있다.

편작은 전국 시대 사람으로, 본명은 진월인秦越人이다. 편작은 본래 중국 고대 전설 속에서 사람의 병을 고쳐 주었다는 신의神醫이다. 그의 의술이 워낙 뛰어났기 때문에 사람들은 그를 신격화하여 편작이라 부르게 되었고, 이후 편작은 곧 진월인의 대명사가 되었다.

편작은 여러 나라를 돌아다니며 수많은 왕족과 귀족은 물론 일반 백성들의 병을 고쳐 주어 그 명성이 대단했다. 편작의 의술은 거의 모든 방면에 정통해 있었다. 한단邯鄲은 부녀자를 존중하는 곳이었기 때문에 이곳에서는 부인과 전문의로 통했고, 낙양洛陽은 노인을 존중하는 곳이었기 때문에 이곳에서는 노인병 전문의가 되었다. 또 진秦나라 사람들은 아이들에 대한 사랑이 지극했기 때문에 이곳에서는 소아과 전문의가 되었다. 이처럼 편작은 어디에서나 뛰어난 의술을 발휘하여 많은 사람들로부터 사랑 받았다.

어느 날 채蔡 환공桓公이 특별히 그를 초청했다. 편작은 채 환공을 만나자마자 이렇게 말했다.

"왕께서는 지금 병이 있습니다. 아직 피부에 머물러 있으나 당장 치료하지 않으면 병이 악화될 것입니다."

그러나 편작의 말을 믿지 않는 채 환공은 불쾌해 할 뿐이었다. 닷새 후 편작이 다시 채 환공을 만나 이렇게 말했다.

"왕의 병은 지금 혈맥에 이르렀습니다. 당장 치료하지 않으면 병이 더 악화될 것입니다."

그러나 채 환공은 여전히 그 말을 믿지 않고 불쾌감만 드러냈다. 또 닷새가 지나고 편작이 다시 채 환공을 찾아와 말했다.

"왕의 병은 이제 위와 장에 이르렀습니다. 당장 치료하지 않으면 병이 더 악화될 것입니다."

채 환공은 크게 화를 내며 당장 밖으로 나가 버렸다.

다시 닷새가 지났다. 채 환공을 찾아온 편작은 멀리서 그의 얼굴을 보자마자 서둘러 달아났다. 채 환공은 무슨 일인지 궁금하여 당장 편작에게 사람을 보냈다. 그러자 편작은 이렇게 말했다.

"병이 피부에 있을 때는 뜸을 놓으면 병을 고칠 수 있고, 혈맥에 있을 때는 침을 놓으면 확실히 효과가 나타납니다. 장기에 병이 있을 때는 탕약을 써서 병을 다스릴 수 있습니다. 그러나 병이 골수에 이르면 치료할 방법이 없습니다. 지금 왕의 병은 이미 골수에 이르렀으니, 나로서도 더 이상 방법이 없습니다."

과연 편작이 떠난 지 닷새가 지나자 채 환공은 병에 걸려 자리에 눕고 말았다. 채 환공은 급히 사람을 보내 편작을 찾았지만 이미 편작의 자취를 찾을 수 없었고, 채 환공은 얼마 뒤 세상을 떠났다.

편작과 채 환공의 이야기는 우리에게 시사하는 바가 크다. 어떤 일이든 일이 커지기 전에 미리 예방해야 하면 화근을 뿌리 뽑을 수 있다. 그러나 문제를 방치하여 더 이상 수습할 수 없는 지경에 이르면 아무리 후회해도 방법이 없다.

천 년 전의 일을 살피려면 먼저 오늘날을 살펴야 한다. 억만을 알려면 먼저 하나부터 알아야 한다. 상고 시대의 세태를 조사하려면 먼저 주나라의 세태에 대해 조사해야 하고, 주나라의 세태에 대해 조사하려면 먼저 주나라에서 존중했던 군자에 대해 연구해야 한다. 그러므로 "가까운 곳으로부터 먼곳의 일을 알 수 있고, 적은 일에서 많은 일을 알 수 있고, 미묘한 것에서 분명한 것을 알 수 있다"라고 한다. 이것은 진리라 할 수 있다.

순자 · 비상

외모로 사람을 판단하지 말라

> "형상수악形相雖惡, 이심술선而心術善, 무해위군자야無害爲君子也,
> 형상수선形相雖善, 이심술악而心術惡, 무해위소인야無害爲小人也."
>
> 순자 · 비상非相

외모가 추하더라도 내면과 사상, 처세법이 훌륭하면 군자라 할 수 있다. 외모가 아름답다 하더라도 내면과 사상, 처세법이 악하면 소인임을 숨길 수 없다. 사람은 내면과 표면의 구분이 있다. 그러나 사람의 외모는 단순히 겉으로 드러난 표면적인 것에 불과하다. 만약 외모로 사람을 판단하고, 사물의 외형만 보고 그 전부를 판단한다면 그 판단은 잘못될 확률이 크다.

순자는

「비상」에서 당시 사회에 유행하는 인간 교류 방식을 신랄하게 비판했다.

순자는 절대 외모로 사람을 판단해서는 안 된다고 강조했다. 역사 속의 수많은 위인들을 살펴보면 그들의 외모는 아주 평범하거나 오히려 평범 이하였다. 순자는 역사 위인들을 예로 들어 이렇게 말했다.

"요堯임금은 키가 너무 컸고, 순舜임금은 키가 너무 작았다. 주 문왕文王은 키가 너무 컸고, 주공周公 희단姬旦은 키가 너무 작았다. 공자는 키가 너무 컸고, 염옹冉雍은 키가 너무 작았다. 옛날 위衛나라 영공靈公의 신하 중 공손여公孫呂라는 사람이 있었다. 공손여는 키가 7척이었는데 얼굴은 길이가 2자이고 너비가 3촌밖에 되지 않았다. 눈, 코, 입이 그 좁고 기다란 얼굴에 옹기종기 모여 아주 못생긴 얼굴이었으나 그의 명성은 천하를 뒤흔들었다. 초楚나라의 손숙오孫叔敖는 하남河南 기사期思의 시골 마을 출신이다. 손숙오는 머리가 짧고 대머리였으며, 왼손만 아주 길었고 키는 마차보다 작았지만 초나라를 천하의 주인으로 만든 일등공신이었다. 초나라 대부 섭공葉公 자고子高는 왜소하고 허약하여 걸을 때 입고 있는 옷의 무게조차 감당키 어려워 보였다. 백공白公 승勝이 반란을 일으켰을 때 영윤令尹 자서子西와 사마司馬 자기子期는 교전 중 전사했지만 섭공 자고가 이끄는 군대는 백공 승을 죽이고 반란을 평정했다. 섭공 자고의 인의, 공적, 명성은 후세에 이어져 지금까지 빛나고 있다."

또한 순자는 이렇게 말했다.

"타인의 외모를 살피는 것은 내면의 사상을 살피는 것만 못하고, 타인의 내면 사상을 살피는 것은 그의 처세법을 살피는 것만 못하다. 외모는 내면의 사상보다 중요하지 않고, 내면의 사상은 처세법보다 중요하지 않다."

순자가 이렇게 말한 배경은 무엇일까? 그 답으로 순자는 이렇게 말했다.

"처세법은 바르고 내면의 사상과 일치해야 한다. 외모가 추하더라도 내면 사상과 처세법이 훌륭하면 군자라 할 수 있다. 외모가 아름답다 해도 내면과 사상, 처세법이 악하면 소인임을 숨길 수 없다."

더 나아가 순자는 인간의 길흉화복이 외모와 전혀 상관없다고 강조했다. 순자는 내면의 사상과 처세법에 차이가 있기 때문에 고상한 도덕을 지닌 군자에게는 복이 미치고, 사악한 행동을 일삼는 소인에게는 화가 미친다고 말했다. 그러므로 키가 크거나 작거나, 살이 쪘거나 말랐거나, 아름답거나 못생겼거나 하는 외형적인 조건은 인간의 길흉화복을 결정지을 수 없다.

다시 말해 순자는 인간의 길흉화복은 외모에 의해 결정되거나 하늘이 정해주는 것이 아니라 내면의 사상과 처세법에 의해 결정되는 것이라고 말하고 있다.

순자의 논리와 사상은 당시 외모를 중시하는 사람들에게 일침을 가했다. 이것은 오늘을 살아가는 우리에게도 인간관계의 도리를 깨우쳐 주는 소중한 교훈이다. 그러므로 우리는 다른 사람을 대할 때 절대 외모로 판단하지 말아야 한다. 그 사람이 키가 큰지 작은지, 살이 쪘는지 말랐는지, 얼굴이 예쁜지 못생겼는지는 중요하지 않다. 중요한 것은 그 사람의 사상과 인품, 이상과 포부, 처세법이다. 또한 인생의 길흉화복은 하늘이 정해주는 것이 아니라 스스로 만드는 것임을 분명히 알아야 한다.

역사에서 배우기

한 부부가 하버드 대학을 찾아왔다. 부인은 빛바랜 줄무늬 옷을 입었고, 남편 역시 면으로 만든 싸구려 양복을 입고 있었다. 두 사람은 미리 약속도 하지 않고 무작정 하버드 대학 학장을 만나러 온 것이다.

학장실 비서는 한눈에 이 촌티 나는 부부가 공적인 일로 오지 않았을 것이라고 판단했다. 남편이 먼저 비서에게 말했다.

"우리는 학장님을 만나러 왔습니다."

그러나 비서는 그를 쳐다보지도 않고 귀찮은 듯 대답했다.

"학장님은 아주 바쁘십니다."

그러자 옆에 있던 부인이 대답했다.

"상관없습니다. 시간이 될 때까지 기다리지요."

시간이 한참 지나갔다. 비서는 부부를 거들떠보지도 않았고 그들이 빨리 돌아가기만 바랐다. 그러나 부부는 꼼짝 않고 그 자리에 앉아 있었다. 결국 비서는 학장에게 두 사람의 방문을 알렸다.

"학장님이 몇 마디라도 해 주셔야 돌아갈 것 같습니다."

학장 역시 마지못해 면담에 응했다. 부인은 학장을 보자마자 찾아온 이유를 설명했다.

"저희 아들은 일 년 간 이 대학에서 공부했습니다. 그 아이는 이 학교를 아주 좋아했고, 아주 열심히 공부했답니다. 그런데 작년에 뜻하지 않은 사고로 아들은 세상을 떠났습니다. 남편과 저는 이 학교에 아들을 위한 기념물을 남기고 싶습니다."

학장은 감동을 하기는커녕 오히려 부부를 비웃으며 대답했다.

"부인, 우리는 이 학교에 다니다 죽은 모든 학생들을 위해 동상을 세울 수는 없습니다. 만약 그렇게 하면 이곳은 학교가 아니라 공동묘지가 되겠지요."

부인은 다시 자신의 의도를 자세히 설명했다.

"아닙니다. 저희는 동상을 세우려는 것이 아니라, 이 학교에 건물을 지어드리려는 것입니다."

학장은 부인의 말을 들으며 다시 한 번 부부의 옷차림새를 살피고 한숨을 내쉬며 대답했다.

"이것 보세요. 건물 하나 짓는 데 얼마가 드는지나 알고 있습니까? 우리 학교에 건물을 지으려면 최소한 750만 달러는 있어야 합니다."

그러자 부인은 잠시 침묵했다. 학장은 드디어 두 사람을 내쫓을 수 있겠다고 생각했다. 잠시 후 부인은 남편을 돌아보며 이렇게 말했다.

"건물 하나 짓는 데 겨우 750만 달러밖에 안 드나요? 그렇다면 차라리 우리 아들을 기념하는 대학을 하나 만드는 게 낫겠네요. 그렇지 않나요?"

남편은 천천히 고개를 끄덕였다.

스탠퍼드Stanford 부부는 이렇게 하버드를 뒤로 했고, 캘리포니아에 아들을 기념하기 위한 스탠퍼드 대학을 세웠다.

외모로 사람을 판단하는 사람들은 어떤 문제든 겉만 보려 한다. 이런 부류의 사람들은 어떤 사물을 깊이 이해할 수 있는 인내심과 의식이 부족하기 때문에 오직 자신의 안목을 과신한 채 모든 일을 겉모습으로만 판단한다.

고대 하나라 걸왕과 상나라 주왕은 기골이 장대하고 외모가 준수한 천하에 보기 드문 미남자였다. 또한 이들은 혼자서도 백 명을 당해낼 수 있을 정도로 건강했다. 그러나 자신은 죽고 나라를 망쳐, 이들은 천하에 가장 수치스러운 이름을 남겼다. 오늘날까지 이 두 사람은 잔인하고 어리석은 인간의 대명사가 되었다. 이것은 결코 외모가 만들어낸 불행이 아니라, 견문이 넓지 못하고 사상과 인품이 비천했기 때문이다.

순자 · 비상

유언비어는 지혜로운 자를 만나 사라진다

"어왈語曰, '유환지어구유流丸止於甌臾, 유언지어지자流言止於知者'"

순자 · 대략大略

속담에서 이르길 "구르는 공은 움푹 패인 곳에 들어가면 멈추고, 떠도는 소문은 지혜로운 자에 의해 가라앉는다"라고 했다.
소위 유언비어라는 것은 근거 없는 말을 이른다. 어리석은 자들은 쉽게 유언비어에 빠져 격한 감정을 표현할 때가 많다. 그러나 지혜로운 사람은 심사숙고하여 유언비어에 빠지지 않는다. 누구나 일상적으로 유언비어를 접하게 되는데, 절대 그 말을 쉽게 믿고 다시 옮기지 말아야 한다.

순자는
"뜬소문은 반드시 없애야 한다"라고 말했다.
　유언비어란 글자 그대로 경박하고 저속한 말로 무책임하게 정처 없이 떠도는 말이다. 이것은 남들의 비밀을 캐내고 들춰내고 싶은 인간의 호기심이 클수록 긴 생명력을 지닌다. 유언비어는 사람들의 입과 귀로 옮겨지면서 수없이 변화하고 발전하면서 더욱 저속해진다.

특히 유언비어를 싫어했던 순자는 경솔하게 유언비어에 빠지지 말아야 한다고 강조했다. 그래서 순자는 "떠도는 소문은 지혜로운 자에 의해 가라앉는다"라고 말했다. 보통 사람들이 쉽게 유언비어에 빠지는 것은 정확한 상황을 알지 못하고 기만당하기 때문이다.

이에 순자는 "시비가 분명치 않을 때는 지난 일에 비추어 시비를 판단하고, 눈앞에 벌어지는 일을 분명히 살피고, 공정한 잣대로 조사해야 한다. 그래야 유언비어를 가라앉힐 수 있고, 사악한 무리를 없앨 수 있다"라고 말했다. 사실에 빗대어 살피고 진실한 마음으로 심사숙고하면 유언비어를 가려내어 철저히 박멸할 수 있다.

누구나 일상적으로 유언비어를 접하게 되는데, 절대 그 말을 쉽게 믿고 다시 옮기지 말아야 한다. 그것이 확실히 유언비어라면 자신에게서 멈추게 해야 한다.

그중에서 가장 신중해야 할 것은 바로 직접 나 자신을 겨냥한 유언비어이다. 이것은 다른 어떤 말보다 큰 충격이기 때문에 대부분의 사람들이 당황하여 어찌할 바를 몰라 한다. 그렇다면 이런 유언비어에 어떻게 대처하는 것이 좋을까?

(1) 두려움을 없애라

살다 보면 누구나 남의 입에 오르내리는 일을 피할 수 없다. 중요한 것은 어떻게 해야 무섭고 때론 잔인한 이 유언비어에 상처 입지 않을 수 있는가이다. 그러나 대부분의 사람들은 자신에 대한 유언비어를 접하면 당황하여 속수무책으로 무너지고 만다. 이것은 그 사람이 나약하기 때문이다. 강한 사람은 절대 유언비어 따위에 동요하지 않는다. 그 충격이 아무리 크더라도 두려워하지 않고 어떤 일이 있어도 진취적인 정신과 용기를 잃지 않는다.

(2) 독립적인 사고력을 키우라

유언비어에 흔들리지 않으려면 무엇보다 신념을 유지하는 것이 중요하고, 신념을 유지하려면 독립적인 사고력을 바탕으로 뚜렷한 주관을 세워야 한다. 유언비어를 접하면 먼저 철저한 분석을 통해 그것이 과연 합리적인지 판단할 수 있어야 한다. 만약 유언비어에 완전히 동화되면 이성을 잃고 잘못된 길을 가게 될 것이다. 그러므로 자신의 모습이 남들의 눈에 어떻게 비칠 것인가를 생각하지 말고 나 스스로 어떤 사람이 될 것인가를 생각해야 한다. 그래야 비로소 자신의 목표를 향해 흔들림 없이 전진할 수 있다.

(3) 넓은 도량을 지니라

자신의 유언비어를 접하게 되면 누구나 자존심에 상처를 받기 쉽다. 이것은 한 개인에게 매우 가슴 아픈 일이며, 동시에 강렬한 복수심을 불타오르게 만든다. 이런 상황을 피하려면 이성적으로 자신의 감정을 컨트롤할 수 있어야 한다. 너그러운 마음으로 타인을 대하는 법을 배워 원수를 덕으로 되갚아야 한다. 이렇게 하면 자신의 인품을 수양할 수 있고 주변 사람의 이해를 얻어낼 수 있으며, 유언비어를 만들어낸 당사자로 하여금 부끄러움을 느끼게 할 수 있다.

역사에서 배우기

공자와 그의 제자들은 진陳나라와 채蔡나라 국경 지역에서 양식이 떨어져 7일 동안 굶주린 적이 있었다. 이때 자공이 어렵게 쌀 한 섬을 구해왔다.

자공은 안회顔回와 자로子路에게 쌀을 주어 밥을 짓게 하고, 자신은 물을 길러 갔다. 자공은 물을 길어 오는 길에 우연히 안회가 솥에서 밥을 한 움큼 꺼내어 자신의 입속에 넣는 장면을 목격했다. 너무 화가 난 자공은 당장 공자에게 달려갔다.

"인의를 지닌 청렴한 선비가 절개를 버릴 수 있습니까?"

"절개를 버린다면 어찌 인의를 지닌 청렴한 선비라 할 수 있겠느냐?"

"그렇다면 안회는 절대 절개를 버리지 않는 청렴한 선비라 할 수 있습니까?"

"그렇다."

이에 자공은 자신이 목격한 일을 공자에게 고해 바쳤다.

"나는 안회의 됨됨이를 믿는다. 네가 그런 말을 했어도 나는 안회를 의심하지 않는다. 분명 어떤 사정이 있었을 것이다. 기다려 보아라. 내가 직접 물어보겠다."

공자는 즉시 안회를 불러 물어보았다.

"얼마 전 꿈에 조상님이 나오셔서 내게 깨달음을 주셨다. 그러니 지금 네가 한 밥으로 조상께 제사를 지내야겠다."

"방금 밥을 하면서 솥 안에 먼지가 날아 들어갔습니다. 더러운 것을 그냥 놔둘 수도 없고, 밥을 걷어내 버릴 수도 없고 해서 제가 더러워진 밥을 먼저 먹었습니다. 그러니 이 밥으로는 제를 올릴 수 없습니다."
 "그랬구나! 그렇다면 어서 다 같이 밥을 먹자꾸나!"
 안회가 물러간 후 공자는 곁에 있던 제자들에게 이렇게 말했다.
 "안회에 대한 나의 믿음은 하루이틀에 생긴 것이 아니다."
 그리고 잠시 후 공자는 또 다른 가르침을 제자들에게 전했다.
 "반드시 눈으로 본 것만 믿어야 하지만, 때로는 눈으로 본 것도 정확하지 않을 수 있다. 이런 경우에는 마음에 따라야 한다. 하지만 간혹 마음에 따라도 정확하지 않을 수 있다. 모두들 잘 기억해 두어라. 한 사람을 정확히 아는 것은 절대 간단한 일이 아니다."

위에서 공자가 말한 교훈은 우리에게도 시사하는 바가 크다. 눈으로 직접 보았어도 진실이 아닐 수 있는데, 뜬소문으로 떠도는 말이야 오죽하겠는가? 생각 없이 아무렇게나 말을 내뱉는 사람이 바로 유언비어의 근원지이다.

시비가 분명치 않을 때는 지난 일에 비추어 시비를 판단하고, 눈앞에 벌어지는 일을 분명히 살피고, 공정한 잣대로 조사해야 한다. 그래야 유언비어를 가라앉힐 수 있고, 사악한 무리를 없앨 수 있다.

순자·대략

포용력을 기르라

"군자현이능용피君子賢而能容罷, 지이능용우知而能容愚"

순자 · 비상非相

재능을 지닌 군자는 무능한 사람을 포용할 수 있고, 지혜로운 군자는 어리석은 사람을 포용할 수 있다.
바다는 수백 개의 하천을 받아들이고, 더 많은 하천을 받아들일수록 더 커진다. 그러므로 사람도 반드시 포용력을 길러야 한다. 너그럽고 도량이 넓으며 주변 사람과 잘 지내는 사람은 주변 사람들에게 인정받고 존경받는다.

순자는 이렇게 말했다.

"재능을 지닌 군자는 무능한 사람을 포용할 수 있고, 지혜로운 군자는 어리석은 사람을 포용할 수 있다. 해박한 지식을 가진 군자는 얄팍한 지식을 가진 사람을 포용할 수 있고, 순수한 사상을 지닌 군자는 복잡한 사상을 지닌 사람을 포용할 수 있다."

(1) 포용은 지혜의 일종이다

인간관계에서 가장 중요한 것 중의 하나가 바로 타인의 장점을 배우고, 타인의 단점을 너그럽게 받아들이는 것이다. 상대방에게 자신보다 못한 점이 있다 해서 그 사람과 교류하지 않는다면 영원히 원만한 인간관계를 형성할 수 없다.

(2) 포용은 도량의 표현이다

타인의 과오를 받아들인다는 것은 그에게 개과천선의 기회를 주는 것이다. 뒤에 나올 '염파廉頗와 인상여藺相如'의 이야기는 우리에게 포용의 힘이 얼마나 위대한지 잘 보여 주는 예이다.

(3) 포용은 수양의 정도를 보여주는 지표이다

타인의 과오를 일일이 마음에 담아 두거나 사소한 일에 목숨 걸고 복수하려 한다면 결국 자신의 영혼을 지치게 만들 뿐이다. 그러므로 지혜로운 군자는 포용을 선택하여 자신의 영혼을 평화롭게 한다. 월越나라 왕 구천句踐은 십 년 동안 공들여 나라를 부강하게 만든 후 복수를 위해 결국 군대를 일으켰고 지난 원한을 단번에 씻어냈다. 구천은 복수를 위해 와신상담의 고통을 견뎌냈지만, 전쟁에서 승리한 후 오나라 종묘사직을 철저하게 파괴했다. 구천은 모욕을 참아내는 인내는 있었지만 포용의 중요성을 알지 못했다. 제齊나라 한신韓信은 출세하기 전 시정잡배의 가랑이 사이를 지나가는 모욕을 당한 바 있었다. 그러나 크게 출세한 후 당시 자신에게 모욕을 줬던 무뢰한을 만난 한신은 지난 원한을 잊고 그를 성을 지키는 교위

校尉에 임명했다. 이것은 한신의 인격이 구천보다 고상함을 보여주는 예이다.

(4) 포용은 인간관계를 유리하게 이끌게 해준다

타인을 포용할 줄 아는 사람은 자신도 포용할 수 있다. 자의든 타의든 나에게 상처를 준 사람을 포용할 수 있다는 것은 분명 대단한 도량이다. 나를 적대시하고 원수처럼 여겼던 사람을 포용할 수 있다는 것은 분명 고상한 인격의 표현이다.

그러므로 우리는 타인을 포용하는 법을 배워야 한다. 가족이나 친구는 물론 처음 만나는 사람에게도 포용력을 발휘해야 한다. 우리 모두가 타인에게 친절하고, 타인의 잘못을 너그럽게 이해한다면 우리 사회에 아름답고 화기애애한 인간관계가 유행처럼 번질 것이다.

순자는 "군자의 마음은 얼마나 넓은가! 이것이 바로 보통 사람들과 다른 점이다"라고 말했다. 포용력을 발휘할 수 있는가 없는가가 바로 군자와 보통 사람의 가장 큰 차이점이다.

순자가 말하는 포용력이란 옳고 그름에 상관하지 않고 원칙이 없는 포용이 아니다. 지나치게 관용을 베풀어 제멋대로 행동하도록 내버려두라는 것이 아니라, 작은 일에 연연하거나 모든 일을 마음속에 담아 두지 말라는 의미이다.

역사에서 배우기

조趙나라 혜문왕惠文王 시기, 인상여는 조나라의 승상丞相이었고, 염파는 조나라의 대장군이었다.

염파는 인상여를 매우 못마땅하게 여겼다. 염파가 생각하기에 인상여는 그저 세 치 혀를 잘 놀린 것밖에 없는데 자신보다 높은 관직에 올라 있었기 때문이다. 하지만 자신은 피바람이 몰아치는 전쟁터를 누비며 수많은 공을 세웠다. '도대체 왜 인상여만 승상이 될 수 있단 말인가?' 그래서 염파는 언젠가 반드시 인상여의 콧대를 꺾어 주리라 마음먹었다.

염파가 인상여를 가만두지 않겠다고 말했다는 소문이 인상여의 귀에 들어갔다. 그러나 인상여는 화를 내기는커녕 오히려 염파를 피해 다니기 시작했다. 인상여는 염파와 마주치는 것을 피하기 위해 심지어 병을 핑계로 조정에도 나가지 않았다.

어느 날 인상여는 부하를 거느리고 행차를 나갔다가 멀리서 다가오는 염파의 마차를 보고 얼른 자신의 수레를 뒤로 돌렸다. 인상여의 부하는 더 이상 참지 못하고 불만을 늘어놓았다.

"그동안 승상께서 나라를 위해 세운 공이 상국보다 몇 배나 많을 뿐 아니라, 승상께서는 단 한 번도 명예나 이익을 탐하지 않으셨습니다. 또한 승상께서는 충심이 높고 뛰어난 재능을 가지고 계신데, 유독 염파 장군에게만 약하신 것입니까? 염파 장군을 보자마자 길을 피해 숨으시다니, 백성들이 알까 부끄럽습니다. 승상께서는 왜 당당하게 염파 장군에게 맞서지 않으십니까? 승상께서 분명히 말씀해 주시지 않으시면 저는 당장 승상 곁을 떠나겠습니다!"

인상여는 부하의 손을 잡고 이렇게 물었다.

"그대는 염파 장군과 진왕秦王 중 누가 더 무서운가?"

"당연히 진왕이 더 무섭지요."

이에 인상여는 이렇게 대답했다.

"모두가 진왕을 무서워하지만 나는 당당하게 진왕을 꾸짖으며 도리를 논했네. 진왕도 두렵지 않은 내가 염파 장군을 무서워할 것 같은가? 내가 염파 장군을 피하는 이유는 진나라가 감히 우리 조나라를 넘보지 못하는 것이 바로 우리 두사람 때문임을 잘 알고 있기 때문이다. 만약 우리 두사람이 싸운다면 둘 중 하나는 반드시 망할 것이네. 그렇게 되면 진나라가 이 기회를 틈타 우리 조나라를 공격해 오겠지. 내가 염파 장군에게 받은 모욕을 참는 이유는 바로 나라를 지키기 위함이네!"

부하는 이 말을 듣고 크게 감동하여 인상여를 더욱 존경하게 되었다. 얼마 뒤 이 소식을 전해들은 염파는 인상여가 대의를 중시하고 나라의 안위를 위해 사사로운 원한을 따지지 않는다는 것을 알게 되었다. 그러나 자신은 줄곧 인상여에게 복수할 기회만 찾고 있었으니, 사사로운 감정에 얽매여 나라와 종묘사직의 안위를 뒤로 하고 있었던 것이다. 염파는 비로소 인상여가 자신보다 훨씬 훌륭하다는 사실을 깨닫고 인정했다.

며칠 후 인상여가 서재에서 글을 읽고 있는데, 부하가 들어오더니 "염파 장군이 오셨습니다" 라고 말했다. 인상여는 염파가 무슨 일로 왔는지 알 수 없었지만 서둘러 그를 맞이하러 나갔다. 문 밖으로 나온 인상여는 깜짝 놀랐다. 염파가 웃옷을 벗고 싸리나무를 짊어지고 있다가 인상여를 보자 얼른 절을 하며 말했다.

"염파가 속이 좁고 옹졸하여 승상께서 이처럼 너그럽고 도량이 넓은 분인 줄 미처 몰랐습니다. 부끄러운 마음을 감출 수 없어 이렇게 특별히 싸리나무를 짊어지고 사죄를 청하려 왔습니다. 승상의 처분을 달게 받겠습니다."

인상여는 서둘러 염파 장군을 일으키며 말했다.

"염파 장군, 어서 일어나십시오."

이날 이후 염파와 인상여는 서로를 위해 목숨까지 내놓을 수 있는 절친한 사이가 되었다. 두 사람이 힘을 합치니 문무文武가 완벽한 조화를 이루었다. 두 사람은 사이좋게 힘을 합쳐 왕을 보필하며 조나라의 태평성세를 이끌었다.

올바른 인간이 되려면 반드시 포용력을 길러야 한다. 포용이란 너그럽게 타인을 받아들일 수 있는 도량을 의미한다. 사소한 것을 따지지 않고 지나치게 추궁하지 않는 것이다. 포용이란 마음 깊은 속에서 우러나오는 오랜 수양의 결과물로 자연스럽게 드러나는 습관이다. 진심으로 마음을 열고 너그럽게 타인을 대해야 비로소 더 많은 진심과 더 큰 즐거움을 얻을 수 있다.

재능을 지닌 군자는 무능한 사람을 포용할 수 있고, 지혜로운 군자는 어리석은 사람을 포용할 수 있다. 해박한 지식을 가진 군자는 얄팍한 지식을 가진 사람을 포용할 수 있고, 순수한 사상을 지닌 군자는 복잡한 사상을 지닌 사람을 포용할 수 있다. 이것은 세상 모든 것을 받아들이는 방법이다.

순자 · 비상

위기 앞에서 당황하지 말고, 변화 앞에서 놀라지 말라

"물지이응物至而應, 사기이변事起而辨."

순자 · 불구 不苟

일이 닥쳤을 때 뜻대로 대처하고, 문제가 생겼을 때 적절히 처리한다.
우리 삶의 대부분은 평화로우며 그다지 큰 사건이 많이 일어나지는 않는다. 그러나 위기나 문제가 평생 한 번도 생기지 않는 것은 아니다. 간혹 위기나 문제가 생겼을 때 어떻게 대처하는가를 보면 그 사람의 수양 정도를 알 수 있다. 위기 앞에서 당황하지 않고 변화 앞에서 놀라지 않는 사람은 문제가 생겼을 때 용감하게 현실에 맞설 수 있다. 냉정하게 현실을 받아들이며 절대 의지가 꺾이거나 운명을 탓하지 않는다.

순자는

"일이 닥쳤을 때 뜻대로 대처하고, 문제가 생겼을 때 적절히 처리한다"라고 말했다.

우리는 살면서 돌발적으로 일어나는 사건이나 위급한 상황에 처할 때 순자가 말한 것처럼 위기 앞에서 당황하지 않고 시기와 상황에 맞게 적절히 대처할 수 있는가?

사실 대부분의 사람들은 이렇게 하지 못한다. 아주 작은 일이라도 예상치 못한 일이 일어나면 마치 곧 하늘이 무너지기라도 할 것처럼 당황하며 생각 없이 경솔하게 행동한다.

그러나 무슨 일이 있어도 하늘은 무너지지 않을 것이니 이렇게까지 당황할 필요는 없다. 자신이 정해놓은 마지노선이 무너졌다고 생각하여 지나치게 긴장한 나머지 아무 방법도 생각해 낼 수 없는 것이다. 이렇게 되면 문제는 더욱 복잡해지고 오히려 없던 문제까지 만들어낸다.

그래서 순자는 뜻하지 않은 일이 발생했을 때 우리가 가장 먼저 취해야 할 행동은 자신의 감정을 조절하는 것이라고 강조했다. 그래야 침착하고 냉정하게 해결 방법을 찾을 수 있기 때문이다. 위기 앞에서 당황하지 않고 변화 앞에서 놀라지 않는 것은 분명 뛰어난 능력이자 지혜이며 최고의 인품이라 할 수 있다. 어떤 다급한 일이 생기더라도 항상 안정적인 심리 상태를 유지해야 원만하게 문제를 해결할 수 있다.

위기 앞에서 당황하지 않고 변화 앞에서 놀라지 않는 사람은 문제가 생겼을 때 용감하게 현실에 맞설 수 있다. 냉정하게 현실을 받아들이며 절대 의지가 꺾이거나 운명을 탓하지 않는다.

순자는 당시 사회에 지배적이던 '숙명론'에 반대하고 "인간이 하늘의 뜻을 이겨낼 수 있다"라고 주장했다. 순자는 침착하고 여유로운 마음가짐과 행동은 타고나는 것이 아니라 후천적인 수양의 결과라고 말했다. 따라서 수양이 부족한 사람은 위기가 닥치면 여지없이 패하여 두 번 다시 일어서지 못한다. 그러나 충분한 수양을 쌓은 사람은 침착하고 여유롭게 변화에 대처할 수 있다.

또 순자는 한 걸음 더 나아가 위기나 변화가 없을 때에도 유비무환의 정신을 잃지 말아야 한다고 주장했다. 편안할 때 위기를 생각해야 뜻밖의 문제에 대비할 수 있다.

역사에서 배우기

동진東晉 시대, 전진前秦의 부견苻堅이 백만 대군을 일으켰다. 그는 아주 자신만만하게 "(기마병들의) 말채찍만 던져도 강물을 막을 수 있다"라고 호언장담했다. 그만큼 엄청난 규모의 군대를 이끌고 있었던 부견은 손쉽게 동진을 이길 수 있을 것이라 생각했다.

부견이 이끄는 군대의 위세에 눌린 동진의 장수들은 연패를 거듭했고, 갈수록 부견에 대한 두려움이 커져갔다. 오직 동진의 재상宰相 사안謝安만이 놀라거나 두려워하지 않고 침착하게 조카 사현謝玄으로 하여금 8만 병사를 이끌고 나가 부견을 막게 했다. 사현이 사안에게 책략을 묻자 사안은 침착하게 대답했다.

"이미 모든 준비를 해 두었다."

사현은 더 이상 묻지 못하고 물러났으나, 여전히 마음을 놓을 수가 없었다. 그래서 장현張玄에게 사람을 보내 다시 한 번 사안에게 구체적인 책략을 물어보게 했다.

사안은 장현이 찾아오자 전쟁에 대한 이야기는 하지 않고 그와 바둑을 벌였다. 두 사람은 평소에도 자주 바둑을 두곤 했는데, 장현이 이길 때가 더 많았다. 그러나 이 날 장현은 전쟁에 대한 걱정 때문에 마음이 불안하여 집중하지 못한 탓에 계속 사안에게 졌다.

　바둑판을 접은 후 사안은 아무렇지도 않은 듯 밖으로 나가더니 한밤중이 되어서야 돌아왔다. 그리고 사안은 드디어 장수들을 불러 모아 각 장수들에게 임무를 부여했다.

　사안이 침착하고 냉정하게 일을 처리한 덕분에 동진의 장수와 병사들은 심리적으로 안정을 되찾을 수 있었다. 그리고 사안의 정확하고 치밀한 책략에 따라 신속하게 움직였다. 얼마 뒤 동진 군대는 비수肥水 전투에서 작은 승리를 거두기 시작했고, 결국 전진 군대를 대파했다.

　사현은 전진 군대를 대파한 후 서둘러 사안에게 승전보를 보냈다. 당시 손님과 바둑을 두고 있던 사안은 전령이 들어오는 것을 보았으나, 전혀 기뻐하는 기색 없이 계속 바둑 두기에 몰두했다. 그러자 손님이 궁금함을 참지 못하고 무슨 일인지 물었다.

　"우리 군대가 적군을 물리쳤소."

사안이 바둑을 두는 두 장면에서 그가 대단한 담력과 식견을 지닌 인물임을 알 수 있다. 위기 앞에서 당황하지 않고 변화 앞에서 놀라지 않을 뿐 아니라, 시기와 상황을 정확히 판단하여 정확하고 치밀한 전략전술을 세우는 능력까지 겸비했다. 사안은 이렇게 시종일관 침착하고 냉정하게 대처함으로써 커다란 위기를 무사히 넘길 수 있었다.

세상사에 통달한 사람은 (…) 위로 임금을 존경하고 아래로 백성을 사랑한다. 일이 닥쳤을 때 뜻대로 대처하고, 문제가 생겼을 때 적절히 처리한다. 이렇게 해야 비로소 세상사에 통달한 사람이라 할 수 있다.

순자·불구

위기 앞에서 당황하지 말고, 변화 앞에서 놀라지 말라

26

화와 복은 상생한다

"화여복린막지기문 禍與福隣莫知其門."

순자 · 대략 大略

화와 복은 이웃하여 그 드나드는 문을 알 수 없다.

화와 복은 상생한다. 복이 오면 좋고, 화가 와도 상관없다. 화와 복은 아주 순식간에 일어나고 눈 깜작할 사이에 위치가 뒤바뀐다. 이러한 도리를 이해하지 못하는 사람은 평생 화와 복에 농락당할 것이다. 이 도리를 아는 사람은 화가 닥쳤을 때 두려워하지 않고 침착하고 냉정하게 대처할 수 있다.

순자는 이렇게 말했다.

"엄숙하고 신중하되 절대 나태해지지 말아야 한다. 기쁜 소식을 전하러 온 손님이 아직 집에 있는데, 슬픈 소식을 전하러 온 손님이 벌써 문 앞에 기다리고 있다. 우환은 종종 행복과 아주 가까이 있다. 그러나 사람들은 대부분 화와 복이 어디에서 오는지 모르고 있다."

화와 복은 동전의 양면처럼 떼려야 뗄 수 없는 관계이다. 복이 오면 좋고, 화가 와도 상관없다. 화와 복은 아주 순식간에 일어나고 눈 깜작할 사이에 위치가 뒤바뀐다. 이러한 도리를 이해하지 못하는 사람은 평생 화와 복에 농락당할 것이다.

우리 인생에는 수많은 일들이 복잡하게 뒤섞여 있다. 그래서 사람들은 종종 망연자실하거나, 당황하거나, 꿈을 잃고 방황한다. 우리 인생은 언제나 고난의 연속이다. 어쩌다 작은 성공을 거두고 의기양양해 있으면 갑자기 어디선가 찬물이 쏟아져 정신을 쏙 빼놓는다. 또 꿈을 잃거나 실의하여 방황하고 있을 때 갑자기 막혔던 앞길이 확 트이면서 순식간에 성공을 거머쥐기도 한다.

화와 복의 상생관계에는 "사물이 극에 달하면 반전이 있다"라는 이치가 담겨 있다. 이 말은 사물의 발전이 최고에 다다르면 정반대 방향으로 흘러간다는 뜻이다.

(1) 복이 화를 낳는다

사람은 뜻을 이루면 너무 기쁜 나머지 자신의 처지를 잊곤 한다. 그래서 종종 바로 옆에 와 있는 재앙을 발견하지 못한다. 우리 주변에는 이런 일들이 수도 없이 많이 일어난다. 복이 부드러운 미소를 지으며 다가오면 우리는 모든 일이 순조롭게 진행되고 있다고 생각한다. 마치 눈앞에 놓인 거금을 내 호주머니에 집어넣는 것처럼 짜릿하고 꿀처럼 달콤한 유혹이 눈앞에 어른거린다. 그러면 사람들은 자신의 상황을 완전히 잊어버린다. 이후에 어떤 결과가 펼쳐질지 아무도 장담할 수 없다. 복의 뒷면에는 반드시 화가 있음을 명심해야 한다. 기쁨에 취해 큰소리로 자신 있게 호언장담하지만 얼마 지나지 않아 곧 화가 닥칠 것이다. 우리 중 얼마나 많은 사람이 복이 지나간 후에 화를 당하는 고통을 견뎌낼 수 있을까?

　재물에 대한 욕심을 버리는 것은 예상치 못한 화를 대처하는 가장 좋은 방법 중 하나이다. 모든 일에 조금 더 담담해지고 눈앞의 이익을 탐하지 말라. 그리고 좋은 일이 생겼을 때는 반드시 편안할 때 위기를 생각해야 한다는 진리를 잊지 말고 재물의 유혹에 담담해지는 것이 바로 처세법의 기본이다. 조금 더 담담하게, 지혜롭게 행동하고 항상 평상심을 잃지 말아야 한다. 이렇게 하면 불행이 닥쳤을 때 자연스럽게 대처할 수 있고 뜻하지 않은 어려움이 닥쳐도 무너지지 않을 것이다.

(2) 화가 복을 낳는다

　물가에 자주 나가면 신발이 젖기 마련이다. 누구나 살아가면서 뜻하지 않은 사고나 실패를 겪는다. 한 사람의 진정한 인품과 능력을 알고자 한다면 그 사람이 실의했을 때 어떻게 대처하는지를 보면 분명히 알 수 있다. 슬픔을 확대시켜 하루를 일 년처럼 길게 느끼며 걷는 것조차 힘겨워 할 수도 있다. 반면 모든 고통을 대수롭지 않게 생각하고 적극적으로 대처하여 금방 고난을 이겨내는 사람도 있다.

　그렇기 때문에 화가 닥쳤을 때 가장 중요한 것을 마음가짐이다. 화가 만들어진 근원과 책임을 굴레를 벗어던지고 화를 직시하고 적극적으로 대처해야 한다. 이렇게 하다 보면 화를 복으로 만들 수 있다. 위기는 종종 기회를 동반하기 때문이다.

순자의 이론에는 깊은 인생의 진리가 담겨 있다. 여기에서 순자는 우리에게 위기가 닥쳤을 때 힘없이 주저앉을 것이 아니라, 반드시 위기를 이겨낼 수 있다는 자신감을 가져야 한다고 강조한다. 또한 좋은 일이 생겼을 때 더 조심하고 신중해야 한다고 했다. 너무 큰 기쁨에 빠지지 말고 늘 인간으로서 지켜야 할 원칙에 따라 행동해야 한다.

역사에서 배우기

『회남자淮南子』「인간훈人間訓」에 나오는 이야기이다.

전국 시대, 오랑캐와 가까운 변방 지역에 사는 한 노인이 있었는데, 사람들은 모두 그를 '새옹塞翁'이라 불렀다.

어느 날 새옹의 집에서 기르던 말 한 마리가 도망쳤다. 이웃 사람들은 이 소식을 듣고 새옹을 찾아와 위로했다. 그러나 새옹은 아무렇지도 않은 듯 오히려 솔직한 자신의 생각을 말했다.

"물론 말을 잃어버린 것은 나쁜 일이지만 이것 때문에 더 좋은 일이 생길지 누가 알겠소?"

몇 달 후 도망쳤던 새옹의 말이 또 다른 준마 한 마리를 데리고 돌아왔다. 그러자 이웃들이 찾아와 새옹에게 축하한다는 말과 함께 말을 잃어버렸을 때 했던 말이 과연 선견지명이 있는 말이었다며 그를 추켜세웠다. 그러나 새옹은 근심스러운 표정으로 이렇게 말했다.

"이번 일 때문에 안좋은 일이 생길지 누가 알겠소?"

새옹의 집에 준마 한 마리가 늘어나자 새옹의 아들이 특히 기뻐했다. 새옹의 아들은 거의 매일 준마를 타고 달리느라 시간 가는 줄 몰랐다. 그러던 어느 날 새옹의 아들은 자기 분수를 잊고 지나치게 재주를 부리다가 말에서 떨어져 다리가 부러져 절름발이가 되었다. 이웃들은 이 소식을 듣고 새옹을 찾아와 그를 위로했다. 그러나 새옹은 이렇게 말했다.

"이것 때문에 더 좋은 일이 생길지 누가 알겠소?"

일 년 후 오랑캐가 국경을 넘어 쳐들어왔고 변경 지역은 가장 먼저 전란에 휩싸였다. 신체 건장한 청년들은 모두 군대에 징집되었고 이들 중 열에 아홉은 전쟁 중에 목숨을 잃었다. 그러나 새옹의 아들은 절름발이었기 때문에 군대에 징집되지 않았고 다행히 목숨을 건질 수 있었다.

이 이야기는 수천 년을 전해내려 오면서 '새옹지마塞翁之馬'라는 성어를 만들어 냈다. 새옹지마란 좋은 일과 나쁜 일은 절대적인 것이 아니다. 상황이 변하면 나쁜 일이 좋은 결과를 만들어 내기도 하고 반대로 좋은 일이 나쁜 결과를 만들어 내기도 한다.

엄숙하고 신중하되 절대 나태해지지 말아야 한다. 기쁜 소식을 전하러 온 손님이 아직 집에 있지만, 슬픈 소식을 전하러 온 손님이 벌써 문 앞에 기다리고 있다. 우환은 종종 행복과 아주 가까이 있다. 그러나 사람들은 대부분 화와 복이 어디에서 오는지 모르고 있다. 반드시 미리 내다볼 줄 알아야 한다. 반드시 미리 내다볼 줄 알아야 한다.

순자 · 대략

화와 복은 상생한다

신의를 지키는 사람이 되라

"군자君子, (···)치불신恥不信, 불치불견신不恥不見信"

순자 · 비십이자非十二子

군자는 스스로 신의가 없음을 부끄러워해야 하고, 다른 사람이 자신을 믿어주지 않는 것을 부끄러워할 필요는 없다.
말에 진심이 없고 신의를 지키지 않으면 원한이 생긴다. 반드시 신의를 지켜야 다른 사람에게 신임을 얻을 수 있다. 신뢰가 담긴 말은 사람됨의 기본 원칙 중 하나이다. 일단 약속했다면 무슨 방법을 써서라도 최선을 다해 지켜야 한다.

군자가 지녀야 할 중요한 자질 중 하나로 신의를 꼽을 수 있다. 순자는 "군자는 사람들을 믿게 만들어야 하지만 모든 사람이 자신을 믿게 만들 수는 없다"라고 말했다. 또한 "군자는 스스로 신의가 없음을 부끄러워해야 하지만 다른 사람이 자신을 믿어주지 않는 것을 부끄러워하지 않는다"라고도 말했다.

인간이라면 반드시 신의를 지켜야 한다. 신의란 곧 말에 믿음이 있어야 한다는 뜻이다. 그러므로 자기가 한 말에 대해 신용을 지켜야 하며 실언을 하지 말아야 한다. 자신이 한 말에 책임과 의무를 다해야 타인에게 믿음을 얻을 수 있다.

기본적으로 자신이 할 수 없는 일이라면 처음부터 약속을 하지 말아야 한다. 그러나 일단 약속했다면 무슨 방법을 써서라도 최선을 다해 지켜야 한다. 여러 번 온갖 노력을 기울였으나 도저히 안 되는 일이라면 상대방에게 자세한 상황을 설명하고 진심으로 사과의 뜻을 전해야 한다.

경솔하게 공약을 남발하지 않는 것 외에 또 하나 주의해야 할 것은 함부로 잔꾀를 부리는 것이다. 잔재주를 피우려 하다가는 주변 사람들에게 신용을 잃기 쉽다. 이렇게 하면 일시적으로 어떤 일에 경험이 없는 사람을 속여 이익을 얻고 별 다른 노력 없이 큰돈을 벌 수도 있을 것이다. 그러나 이것이 두 번 세 번 반복되면 상대방도 더 이상 속지 않을 것이고 주변 사람들의 신용을 잃게 될 것이다. 이것은 분명 득보다 실이 훨씬 더 큰 것이다.

이런 이야기가 있다. 한 원숭이 조련사가 원숭이들에게 이렇게 말했다.

"앞으로 아침에 바나나 3개를 주고 저녁 때 4개를 주겠다."

그러자 원숭이들은 모두 크게 반발했다. 조련사는 잠시 후 잔꾀를 생각해 내고 다시 이렇게 말했다.

"좋아. 다들 진정해. 그럼 아침에 4개를 주고 저녁 때 3개를 주겠다."

그러자 원숭이들은 아주 좋아했다.

이 원숭이들이 좋아한 이유는 잠시 조련사의 말장난에 속아 넘어갔기 때문이다. 그러나 시간이 흐르자 원숭이들은 조련사가 교묘한 말장난으로 자신들을 속였다는 사실을 깨달았다. 원숭이들은 더 이상 조련사를 믿지 않았고 그에게 복수를 계획했다. 조련사는 결국 스스로 자기 무덤을 판 것이다.

이처럼 교활한 사람은 결국 주변 사람들로부터 신용을 잃을 수밖에 없다. 순자는 신용을 잃는 것은 인생에 있어 아주 심각한 문제라고 생각했다.

군자가 신용을 잃으면 간신이 많아지고 조정과 국사가 혼란스러워진다. 관료가 신용을 잃으면 민심이 어지러워지고 나라가 혼란스러워진다. 나라의 상벌 제도에 신용이 떨어지면 범법자가 많아지고 모범을 보이는 사람이 사라진다. 장사꾼이 신용을 잃고 가짜 상품을 내다 팔면 결국 손님이 떠나간다. 신용을 잃으면 대략 이러한 결과가 나타난다. 친구 사이에 신용을 잃으면 적막과 고독에 휩싸일 것이다. 부모가 자식에게 신용을 잃으면 자식은 가식적이고 불성실한 사람이 될 것이다.

여기에서 순자는 타인에게 신용을 잃는 것은 곧 그 사람의 비열한 인격과 단정치 못한 품행을 천하에 드러내는 것임을 일깨워주고 있다. 또한 미래를 생각하지 않고 눈앞의 이익에 현혹되어 원대한 안목이 결여된 어리석은 행동을 일삼게 될 것이니 결국 아무것도 이룰 수 없음을 분명히 말해주고 있다.

역사에서 배우기

　동한東漢 시대, 여남군汝南郡에 사는 장소張劭와 산양군山陽郡에 사는 범식范式이 서울 낙양에서 동문수학했다. 두 사람은 학업을 마치고 각자의 제 갈 길로 떠나게 되었다. 장소가 갈림길에 서서 먼 하늘의 기러기를 바라보며 "오늘 이별하면 이제 언제 다시 볼 수 있을지 모르는데…"라며 눈물을 흘렸다. 범식은 장소의 손을 잡으며 이렇게 말했다.

　"여보게, 친구. 너무 슬퍼하지 말게. 2년 뒤 가을에 내 반드시 자네를 찾아갈 테니까. 그때 다시 만나면 되네."

　2년이 지나고 어느 가을 날 낙엽이 우수수 떨어지고, 울타리엔 국화가 만발하고 먼 하늘에 기러기 울음소리가 들려오니, 장소는 옛 친구에 대한 그리움이 더욱 간절해져 자기도 모르게 "그가 곧 오리라"라고 중얼거렸다. 그리고 곧바로 집으로 돌아와 어머니에게 말했다.

　"어머니, 방금 먼 하늘에서 기러기 울음소리가 들렸으니 곧 범식이 올 겁니다. 어서 그를 맞이할 준비를 해야해요."

　"아들아, 네가 너무 순진했던 게다. 산양군이 여기에서 얼마나 먼지 모르느냐? 범식이 어떻게 여기까지 온단 말이냐? 천 리가 넘는 길이란 말이다."

　"범식은 정직하고, 진실하고 신용 있는 사람입니다. 반드시 올 겁니다."

　"그래. 그래. 그는 올 게다. 나는 가서 음식 준비를 해야겠다."

　장소의 어머니는 이렇게 말할 수밖에 없었다. 사실 그녀는 범식이 올 것이라는 것을 믿지 않았지만, 아들이 실망할까봐 그의 마음을 달래려 했던 것이다.

그런데 약속한 시간이 되자, 범식이 정말 장소를 만나러 왔다. 그는 산양군에서 여남군까지 온갖 고초를 겪으며 먼 길을 걸어온 것이다. 장소의 어머니는 너무 감동하여 그들 옆에 서서 눈물을 닦으며 말했다.

"세상에 이렇게 믿을 만한 친구가 다 있구나."

범식이 약속을 지킨 이 이야기는 지금까지 아름다운 일화로 전해져 오고 있다.

"남아일언중천금男兒—言重千金" "계포일락季布—諾" "한번 내뱉은 말은 천리마로도 쫓을 수 없다" 등은 모두 신용을 강조하는 말들이다. 역사적으로 신의를 지키는 것은 올바른 처세법과 치국의 기본 원칙이었다. 예부터 사람들은 신용이 있는 사람을 찬양하고 좋아했으며, 신용이 없는 사람을 비난하고 미워했다.

신의가 있는 사람은 (…) 평소에 하는 말이 모두 진실하고 믿을 만하고, 평소에 하는 행동이 모두 신중하고 조심스럽다. 속세의 저속한 유행에 물들까 두려워하여 감히 자기가 좋아하는 것을 옳다고 고집하지 않는다. 이렇게 해야 비로소 신의가 있는 사람이라 할 수 있다.

순자 · 불구

신의를 지키는 사람이 되라 | 177

기회를 얻지 못하고 있을 때

"군자君子, (…)치 불능恥不能, 불치 불견용不恥不見用"

순자 · 비십이자非十二子

군자는 스스로 재능이 없음은 부끄러워해야 하지만 자신이 중용되지 못한 것을 부끄러워할 필요는 없다.

어떤 일을 하고 싶다면 먼저 그에 합당한 능력을 지녀야 한다. 절대 하늘을 원망하고 남을 탓하면서 귀중한 시간을 낭비하지 말라. 믿음을 잃지 않는다면 언젠가 반드시 자신을 빛낼 수 있다.

순자는 열다섯 살 때부터 치국의 원대한 이상을 꿈꾸었다. 그는 문무지략을 두루 갖추고 여러 나라를 돌아다니며 군왕의 신임을 얻어 자신의 재능과 포부를 펼치길 희망했다. 그러나 뜻대로 일이 이루어지지 않았고 순자는 결국 자신의 이상을 실현시킬 수 없었다.

그러나 순자는 공자의 가르침을 끝까지 믿었다. 그 가르침은 바로 "다른 사람이 자신을 알아주지 않는 것을 걱정하지 말고 스스로 재능이 없음을 걱정해야 한다"라는 것이다.

순자는 그의 제자 한비와 이사에게도 이 가르침을 전하며 "군자는 스스로 재능이 없음을 부끄러워해야 하지만 자신이 중용되지 못한 것을 부끄러워할 필요는 없다"라고 했다.

그러나 오늘날 대부분의 사람들은 순자의 가르침과 정반대로 생각하고 있다. 즉 자신이 중용되지 못한 것을 부끄러워하고 스스로 재능이 없는 것은 부끄러워하지 않고 있다. 그래서 이들은 항상 자신이 중용되지 않는 것에 불평만 늘어놓을 뿐 자신에게 그럴 만한 능력이 있는지는 생각지 않는다.

스스로 재능이 있으나 기회를 얻지 못했다고 생각하는 사람은 반드시 먼저 자신을 뒤돌아볼 필요가 있다. 자신에게 혹시 다음과 같은 문제점이 없는지 생각해 보아야 한다.

(1) 재능이 부족하지 않은가?

앞서 다른 사람이 자신을 알아주지 않는 것을 걱정하지 말고 자신의 능력이 다른 사람에 미치지 못하는 것을 걱정하라고 했다. 스스로 자신의 재능이 출중하고 뛰어난 능력을 지녔다고 생각하지만, 현실은 그렇지 못할 때가 많다. 이런 사람들은 실제로 문제에 직면했을 때 대부분 아무 능력도 발휘하지 못한다. 이런 문제점은 특히 이제 막 대학을 졸업한 사회 초년생들에게 많이 나타난다. 이들은 늘 회사에서 자신의 재능을 알아주지 못한다고 생각한다. 항상 의욕만 앞설 뿐 정작 임무가 주어졌을 때 이들의 행동은 둘 중 하나로 귀결된다. 하나는 너무 당황한 나머지 어찌 할 바를 모를 경우이고,

다른 하나는 맹목적으로 자신의 생각이 옳다고 고집한 결과 일을 그르치는 경우이다.

(2) 재능과 현실을 연결시킬 수 있는 요건을 갖추고 있는가?

이것은 대략 다음 네 가지로 나누어 볼 수 있다.

첫째, 덕이 부족한 경우이다. 덕은 재능의 기반과 같다. 후덕함을 갖추어야 비로소 만물을 포용할 수 있다. 그러므로 만약 재능만 있고 덕이 없으면 정말 중요한 순간에 재능을 발휘하지 못한다.

둘째, 인간관계가 너무 계산적인 경우이다. 그렇기 때문에 자신의 재능을 발휘할 기본 원가 비용이 높아지는 것이다.

셋째, 환경과 문화에 적응하지 못하는 경우이다. 전체와 손발을 맞추지 못하고 집단 문화를 거스르면 손해를 보는 쪽은 개인이다. 이것은 능력을 발휘하느냐 못하느냐의 문제이기도 하지만 개인이 그 사회에서 살아남을 수 있느냐의 문제이기도 하다.

넷째, 건강상에 문제가 있는 경우이다.

(3) 자신을 계발하는 데 소홀하지 않은가?

현대 사회는 빠르게 변화하고 있다. 새로운 지식과 기술이 끝도 없이 쏟아져 나오고 있다. 지금 어떤 분야에 정통한 기술을 가지고 있다 해도 얼마 안 가 무용지물이 될지 모른다. 그러나 정작 본인은 현실은 깨닫지 못하고 여전히 자신의 능력에 자화자찬하며 사회가 자신을 알아주지 않는다며 한탄한다. 그렇기 때문에 배움에는 끝이 없는 것이다. 끊임없이 새로운 지식과 기술을 배우는 사람만이 영원히 재능의 젊음을 유지할 수 있다.

역사에서 배우기

제이크는 학생 시절 줄곧 우수한 성적을 유지했으나, 대학 졸업 후 수없이 좌절을 겪으며 원하는 직장을 얻지 못했다. 자신이 재능은 있지만 능력을 얻지 못했다고 생각한 제이크는 현실에 크게 실망할 수밖에 없었다. 그는 자신을 알아주는 이가 없음에 분개하며 점점 더 깊은 절망으로 빠져들었다.

어느 날 제이크는 더 이상 절망의 고통을 견딜 수 없어 자살할 결심으로 바닷가를 찾았다. 제이크가 막 물속으로 뛰어들려는 순간 해변을 산책 중이던 한 노인이 그를 말렸다. 노인은 제이크에게 왜 죽으려 하느냐고 물었다.

"이 사회에서는 아무도 나를 알아주지 않습니다. 아무도 내 재능을 알아주지 않으니 살아갈 의미가 없습니다."

노인은 허리를 굽혀 모래를 한 움큼 집어 들었다. 그리고 제이크가 보는 앞에서 다시 바닥에 모래를 뿌리고 물었다.

"방금 내가 뿌린 모래를 다시 주워보게."

"그게 말이 됩니까?"

제이크는 생각할 것도 없이 안 된다고 소리쳤다. 노인은 말없이 주머니에서 투명하게 반짝이는 진주알을 꺼내 모래밭에 던졌다. 그리고 다시 제이크에게 물었다.

"방금 내가 던진 진주를 다시 주워보게."

"여기 있습니다."

"이제 자네 처지를 알겠는가? 자네는 자신이 아직 진주알이 아니라는 사실을 깨달아야 하네. 다른 사람이 당장 자네를 알아주지 않는다고 슬퍼하지 말아야 하네. 다른 사람이 알아주기를 바란다면 먼저 스스로 진주알이 될 수 있는 방법을 찾아야 하네."

제이크는 고개를 끄덕이며 한참 동안 말없이 깊은 생각에 잠겼다.

진주는 스스로 자신이 돌멩이와 구별되게 할 수 있다. 우리는 먼저 나 자신이 투명하게 반짝이는 진주가 아니라 평범한 모래알이라는 사실을 깨달아야 한다. 남들보다 뛰어난 존재로 인정받고 싶다면 먼저 특별한 인재가 될 수 있는 재능을 길러야 한다.

군자는 자신이 닦여지지 않은 것을 부끄러워하되 남에게 더럽힘당하는 것은 부끄러워하지 않고, 성실하지 못한 것을 부끄러워하되 남이 성실하게 대해주지 않는 것을 부끄러워하지 않으며, 자신이 할 수 없는 것을 부끄러워하되 남에게 쓰여지지 않는 것을 부끄러워하지 않는다.

순자 · 비십이자

기회를 얻지 못하고 있을 때

검소함은 미덕이다

"강본이절용彊本而節用, 즉천불능빈則天不能貧"

순자 · 천론天論

부지런히 농사를 짓고 아끼고 절약하면 하늘도 가난하게 만들 수 없다. 검소함은 미덕이다. 검소함은 부를 쌓을 수 있게 해주고 고난을 이겨내는 분투정신과 진취적인 성품을 길러준다. 검소한 사람은 간결하고 소박하게 살지만 남에게 도움을 구하지 않고 자신에게 부끄럽지 않다. 또한 물질에 대한 욕심에 얽매이지 않기 때문에 모든 에너지를 자신이 추구하는 사업에 쏟아 부을 수 있다.

순자는 검소한 미덕을 숭상했다. 그는 "부지런히 농사를 짓고 아끼고 절약하면 하늘도 가난하게 만들 수 없다"라고 말했다.

검소함은 일종의 미덕이고 지혜이며 고귀한 정신이다. 검소함은 심신 수양과 감정을 다스리는 데 큰 도움이 된다. 역사적으로도 검소와 절약을 몸소 실천한 선인들의 예를 많이 찾아볼 수 있다.

안영晏嬰은 제나라 귀족 출신으로 세 명의 임금을 보필했으며 검소함으로 천하에 이름을 떨쳤다. 안영은 밥상에 고기반찬을 거의 올리지 않았고 안영의 가족은 비단옷을 입지 않았다. 조상을 기리는 제사를 지낼 때에도 돼지고기를 그릇에 가득 담지 않았다고 한다. 이 내용은 바로『예기禮記』「예기禮器」편에 나온다.

"안영은 조상의 제사를 지낼 때 음식을 많이 준비하지 않아 고기그릇이 다 덮이지 않았고, 수십 년 동안 같은 옷을 입고 제사를 지냈다."

검소의 반대말은 사치다. 사치가 습관이 되면 사상에 큰 영향을 미친다. 탐욕이 점점 커지면 연이어 화가 미친다. 검소하다가 사치를 부리기는 쉽지만 사치스럽다가 검소해지기는 어렵다.

순자 외에도 많은 성인들이 검소함을 중시했다. 노자는 검소함을 반드시 지녀야 할 처세술의 하나로 꼽았고, 공자는 "사치하면 오만함을 드러내고, 검소하면 초라해 보일 수 있다. 그러나 오만함보다 차라리 초라함을 선택하겠다"라고 말했다. 또한 묵자墨子는 "검소함은 흥하게 만들고 사치는 망하게 만든다"라고 했다.『인경』에서도 이르길 "검소함으로 신신을 수양하면 큰 근심이 없다. 검소함으로 집안을 다스리면 남에게 도움을 구할 일이 많지 않다"라고 했다.

검소한 사람은 간결하고 소박하게 살지만 남에게 도움을 구하지 않고 자신에게 부끄럽지 않다. 또한 물질에 대한 욕심에 얽매이지 않기 때문에 모든 에너지를 자신이 추구하는 사업에 쏟아 부을 수 있다. 반면 사치스럽고 욕심이 끝이 없는 사람에게서 고상한 이상이나 성공을 위한 분투 정신을 찾아보기란 거의 불가능하다.

물론 순자가 말한 검소함이란 인색하고 옹졸한 것이 아니라 스스로를 절제할 수 있음을 의미한다. 이와 동시에 소박함 속에서 정신적으로 행복한 경지에 이를 수 있다. 가장 가치 있는 삶이란 바로 이렇게 자신의 정신세계를 풍요롭게 하고 사회에 공헌할 수 있는 삶이다.

역사에서 배우기

록펠러 사社의 기업 정신은 창업주인 존 데이비슨 록펠러 1세의 창업 과정에서 유래했다. 록펠러 사 기업 정신의 가장 큰 특징은 근검절약이다. 즉 근검절약으로 부를 이룬다는 것이다.

록펠러 1세의 아버지 윌리엄 록펠러는 미국의 소매상인이었다. 그는 간단한 의약품을 팔다가 나중엔 대로변에서 석유를 팔기도 했다. 록펠러 1세는 아버지의 영향으로 어려서부터 근면성실이 몸에 배어 있었고 장사 수완에도 밝았다. 이것은 훗날 록펠러 1세가 큰 성공을 거두는 데 중요한 기반이 되었다.

1839년에 태어난 록펠러 1세는 집안 형편이 어려워 공부에 전념할 수 있는 상황이 아니었다. 그러나 틈틈이 시간을 내어 가면서 절대 공부를 게을리 하지 않았다. 스무 살이 된 록펠러 1세는 어떻게 해야 큰 부자가 될 수 있을지에 몰두하기 시작했다.

어느 날 록펠러 1세는 신문을 보다가 우연히 『부자가 되는 비결』이란 책 광고를 발견했다. 그는 오랫동안 힘들게 아르바이트를 하면서 모아둔 5달러를 몽땅 털어 당장 서점으로 달려가 힘들게 이 책을 구했다. 집으로 돌아온 록펠러 1세는 서둘러 단단히 봉해져 있는 『부자가 되는 비결』의 포장을 뜯었다. 그러나 책에는 그가 원하는 정답은 들어 있지 않았다. 책에는 오직 '근검절약'이라는 말만 적혀 있을 뿐이었다. 록펠러 1세는 큰 실망과 함께 분노가 밀려왔다. 그는 책을 집어던지고 당장 서점 주인을 찾아가 항의하고, 이 책의 저자를 고소해야겠다고 마음먹었다. 그러나 이미 늦은 시간이었으므로 서점 문은 닫혀 있을 터였다. 할 수 없이 항의하고 고소하는 일은 다음 날로 미뤄야 했다.

밤이 깊어 잠자리에 누운 록펠러 1세는 도저히 잠을 이룰 수가 없었다. 책의 저자와 서점 주인에게 너무 화가 났다. 그들은 도대체 왜 이런 말도 안 되는 짓으로 사기를 치려는 것일까? 자신이 피땀 흘려가며 힘들게 번 돈 5달러를 이런 상술 때문에 낭비한 것이 너무 억울했다. 그러나 시간이 지나면서 서서히 분노가 가라앉기 시작했다. 그는 다시 한 번 천천히 생각해 보았다. 그 책의 저자는 왜 그 말만 적은 책을 냈을까? 그리고 왜 하필 '근검절약'인가? 생각할수록 근검절약이란 말이 예사롭지 않게 느껴졌다. 그리고 저자의 의도를 알 수 있을 것 같았다.

록펠러 1세가 정답을 찾는 순간 날이 밝아왔다. 록펠러 1세는 벌떡 일어나 바닥에 떨어져 있던 책을 주워 가슴에 꼭 껴안았다. 그리고 그 책을 조심스럽게 책상 위에 올려놓고, 책 속에 적혀 있던 두 단어를 자신의 좌우명으로 정했다. 이 후 록펠러 1세는 더욱 부지런히 일하며 열심히 돈을 모았다. 그는 돈을 벌면 꼭 필요할 곳이 아니면 절대 한 푼도 허투루 쓰지 않고 모두 저축했다. 이 돈은 훗날 그가 세울 회사의 창업 자본이 되었다.

근검절약은 바로 우리 인생을 풍요롭게 하는 데 있어 가장 기본이 되는 것이다.

진정한 부는 노력과 근검절약을 바탕으로 얻어지는 것이다. 여기에는 시간과 의지력이 필요하다. 인내와 의지력은 우리가 생각지 못한 특별한 인생의 기회를 만들어 주기도 한다. 만약 록펠러 1세가 수년 동안 열심히 일하고 근검절약하며 저축하지 않았다면 그의 창업 자본도 없었을 것이고, 석유왕 록펠러도 존재하지 않을 것이다.

국가를 풍요롭게 하는 방법은 비용을 절약하여 백성을 풍요롭게 하고, 남는 재물을 잘 모아두는 것이다. 비용을 절약하기 위해서는 예로써 하고, 재정을 넉넉히 함은 정치로 한다.

순자 · 부국富國

30 비방에 대처하는 방법

"**군자**君子, (…) **불공어비**不恐於誹."

순자 · 비십이자非十二子

군자는 비방에 쓰러지지 않는다.

비방이란 누군가의 명예를 훼손하고 헐뜯는 나쁜 말로 소리 없이 생겨난다. 주로 다른 사람의 성공을 질투하는 소인배들이 타인을 비방한다. 소인배는 타인의 성공을 질투하여 온갖 수단과 방법을 동원하여 중상모략을 가한다. 그러나 지혜로운 군자는 비방에 대처하는 방법을 잘 알고 있기 때문에 비방을 두려워하지 않는다.

『사기』의 기록에 의하면 순자는 제나라에 있을 때 누군가의 모함과 비난을 받아 어쩔 수 없이 제나라를 떠나 초나라로 갔다. 순자는 초나라에서 난릉령에 임명되었다. 그러나 얼마 지나지 않아 또 다시 누군가 순자가 초나라에 해를 끼칠 것이라며 헐뜯었다. 그래서 순자는 초나라를 떠나 조나라로 갔다.

수차례 비난과 모함을 받았지만 순자는 수양이 높은 성인이었기에 개의치 않았다. 그래서 순자는 "군자는 스스로 재능이 없음을 부끄러워하지만 자신이 중용되지 못한 것은 부끄러워하지 않는다"라고 말했다. 또한 "군자는 비방에 쓰러지지 않는다"라고 했다.

비방은 확실히 사람에게 깊은 상처를 준다. 특히 큰 명성을 얻거나 성공을 거두었을 때 비방이 생기면 그 손해와 상처는 더 클 수밖에 없다.

그러나 아무 이유 없이 다른 사람을 비방한다면 그것은 분명 소인배의 짓거리이다. 소인배는 타인의 성공을 질투하여 온갖 수단과 방법을 동원하여 중상모략을 가한다. 그렇다면 우리는 이런 비방에 어떻게 대처해야 할까?

(1) 자신을 절제하라

다른 사람이 자신을 비방하는 말을 들었을 때 누구나 격한 감정이 일어나고 공격적인 행동을 취하기 마련이다. 그러나 여기서 멈추지 않으면 심리적 안정이 무너질 수 있기 때문에 당장 어떤 행동을 하는 일은 최대한 삼가는 것이 좋다. 일단 마음속의 폭풍이 가라앉을 때까지 기다린 후 다음 계획을 세워야 한다. 자신을 비방하는 말을 들었을 때 당장 진위를 파악하기 어렵다면 일단 한 걸음 물러서는 것이 좋다. 상대방의 더 큰 공격이 있으면 심리적 안정을 되찾기 어렵기 때문이다.

(2) 비방을 당해 생긴 소극적인 감정을 없애라

소극적인 감정을 없애는 방법에는 두 가지가 있다. 하나는 자연스럽게 순리를 따르는 것이고, 다른 하나는 스스로 감정을 절제하는 것이다. 자연의 순리에 따르는 방법에는 눈물을 흘려 감정을 분출하는 것이 있다. 혹은 스스로 자기 자신과 진지한 대화를 나누면서 감정을 분출시키는 것이다. 스스로 감정을 절제하는 방법에는 자제력을 동원하여 소극적인 감정을 밖으로 분출시키는 것이다. 예를 들어 음악을 듣거나, 영화를 보거나, 바람을 쏘이거나, 그림을 그리는 방식 등이 있다. 이런 여가 활동은 심리적인 안정을 회복하는 데 큰 도움이 된다.

(3) 자신의 무고함을 변명하려 하지 말라

주변 사람들에게 말해봤자 오히려 소문을 더 확산시킬 뿐이다. 그러나 당신이 가장 믿을 수 있는 사람을 찾아가 진실을 밝히는 일은 꼭 필요하다. 그리고 함께 오해가 빚어진 원인을 분석하고 오해를 풀 수 있는 방법을 찾아야 한다.

(4) 항상 자신을 뒤돌아보라

스스로 자신의 뒤돌아보면서 다른 사람들에게 공격당할 여지가 있는 문제점을 없애야 한다. 일반적으로 중요한 자리에 오르게 되었을 때, 성공을 눈앞에 두고 있을 때, 누군가의 이익을 침해했을 때, 유언비어를 만들어 내어 비난의 대상이 되기 쉽다. 그러므로 항상 정신 무장을 단단히 해 두어야 어디서 나타날지 모를 비난에 침착하게 대응할 수 있다. 또한 신중하고 조심스럽게 인간관계를 맺어야 한다.

(5) 인내심을 기르라

별로 대단치 않은 비난이라면 인내심을 발휘하여 신경 쓰지 말고 지나치는 것이 현명하다. 인내심을 발휘하면 진실을 규명할 수 있는 시간과 기회를 얻을 수 있으며, 인내심의 효과는 해명이나 분노 표출보다 훨씬 크다.

위에서 제시한 몇 가지 사항에 주의하면 어떤 비난 앞에서도 침착하게 대처하여 스스로 무너지는 일을 피할 수 있다.

역사에서 배우기

『신당서新唐書』중에 나오는 측천무후則天武后와 적인걸狄仁杰의 이야기를 들어 보자. 측천무후가 황제로 등극한 후 적인걸을 재상으로 임명한 뒤, 어느 날 측천무후가 적인걸에게 이렇게 물었다.

"그대가 예전에 여남汝南에서 관직 생활을 할 때 훌륭한 공적을 쌓아 백성들의 사랑과 존경을 한 몸에 받았다 들었소. 그런데 지금은 그대에 대한 비난과 모함이 끊이지 않고 있소. 어떤 내용인지 자세히 알고 싶지 않소?"

적인걸은 그 자리에서 당장 자신의 죄를 고했다.

"폐하께서 제가 잘못하여 비난과 모함이 난무한다고 여기신다면 저는 당장 제 잘못을 바로잡겠습니다. 그러나 만약 폐하께서 제 잘못이 아니라고 생각하신다면 신에게는 큰 기쁨이옵니다. 누가 저를 비난하고 어떤 모함을 하든 제게는 중요하지 않습니다."

측천무후는 적인걸을 말을 듣고 매우 기뻐하며 그를 훌륭한 인생의 선배로 추종했다. 그가 남에게 관대하고 자신에게 엄격한 고상한 인품과 기개를 지녔기 때문이다.

시비에 얽매여 끝까지 진상을 밝히려 하는 사람은 자신의 심신을 피폐하게 만들 뿐이다. 특히 피폐해진 마음은 다시 회복하기 어려우니 득보다 실이 크다. 이런 면에서 볼 때 적인걸은 확실히 지혜롭다 할 수 있다. 그는 자신을 다스리는 일 외에는 크게 연연해하지 않았기 때문이다.

군자는 명예에 유혹되지 않고, 비난에 쓰러지지 않는다. 군자는 도의에 따라 행동하고 자신을 엄하게 다스리고 물질을 따라 움직이지 않는다. 이렇게 해야 비로소 군자라 할 수 있다. 『시경』에서 "온화하고 겸손한 사람은 오직 도덕을 근본으로 삼는다"라고 말했다. 여기에서 말하는 것도 바로 이런 사람이다.

순자 · 비십이자

비방에 대처하는 방법

사람을 판단할 때 한 가지만 기준 삼지 말라

"요문어 순왈堯問於舜曰, '인정하여人情何如?'
순대왈舜對曰, '인정심불미人情甚不美.'"

순자 · 성악性惡

요임금이 순임금에게 "사람의 성정이란 어떤 것인가?"라고 물으니 순임금이 "물을 필요도 없이 매우 좋지 않은 것입니다"라고 대답했다.
인정에는 부정적인 면이 있다. 그러므로 세상을 살아가면서 한 곳에 집착하는 것은 좋지 않다. 이렇게 하지 않으면 인간관계에서 현명하게 대처하지 못하여 상대방에게 이용당하기 쉽다.

「성악」에서 순자는 사람의 성정에 대해 상세히 논했다.

"요임금이 순임금에게 '사람의 성정이란 어떤 것인가?'라고 물으니 순임금이 '물을 필요도 없이 매우 좋지 않은 것입니다. 사람은 처자식이 생기면 부모에 대한 효심이 약해집니다. 사람들은 취미가 욕망으로 변하기 시작하면 친구간의 신의가 약해집니다. 사람들은 지위가 높아질수록 임금에 대한 충성심이 약해집니다. 사람의 성정, 사람의 성정이란 대단히 좋지 않은 것입니다'라고 대답했다."

순자가 "사람의 성정이란 좋지 않은 것이다"라고 말한 것은 바로 그의 '성악설'과 같은 맥락으로 인간성의 부정적인 면을 들어 사람들을 일깨우기 위함이다.

전국 시대, 위나라 왕이 초나라 회왕懷王에게 미녀를 보냈다. 이목구비가 또렷한 미녀의 외모는 서시의 미모에 결코 뒤지지 않았다. 초나라 회왕은 미녀를 매우 마음에 들어 했고 그녀에게 '진주'라는 이름을 지어주었다. 그리고 회왕은 진주가 불면 날아갈까 쥐면 꺼질까 애지중지 아끼며 잠시도 떨어져 있지 않았다.

한편 회왕에게는 정수鄭袖라는 애첩이 있었다. 진주가 초나라에 오기 전까지 회왕은 하루 종일 정수와 함께 지냈다. 그런데 진주가 나타나면서 회왕은 점점 정수에게 무관심해졌다. 정수는 회왕의 총애가 멀어진 것에 너무 화가 났고 진주가 미워 견딜 수가 없었다. 그러나 정수는 겉으로는 아무 일 없는 듯 절대 소란을 피우지 않았다. 그녀는 울고불고 난리를 피워봤자 결코 자신에게 좋을 것이 없으며 자칫하면 명을 재촉하게 될지도 모른다는 것을 잘 알고 있었던 것이다. 그래서 정수는 진주에게 친동생처럼 아주 친절하고 다정하게 대해주었다. 시간이 날 때마다 같이 이런저런 이야기를 나누며 친하게 지냈다. 정수는 이렇게 함으로써 회왕에게 자신이 진주를 전혀 질투하지 않는다는 것을 보여주었다. 그러던 어느 날 정수는 진주에게 이렇게 말했다.

"왕께서는 자네를 아주 맘에 들어 하시고 총애하시네. 그런데 왕께서는 자네 코가 눈에 좀 거슬리는 듯하네. 나한테 벌써 몇 번이나 그런 말씀을 하셨다네. 그러니 앞으로 왕 앞에서는 꼭 코를 가리게나."

진주는 영문도 모른 채 정수가 파 놓은 함정으로 천천히 빠져들었다. 이때부터 진주는 회왕 앞에서 항상 손으로 코를 가렸다. 회왕은 진주가 갑자기 이상하게 행동하자 정수에게 그 까닭을 물어보았다. 정수는 회왕의 질문을 받자 한참 동안 머뭇거리는 척하다가 드디어 뭔가 말하려 하더니 다시 입을 다물었다. 그러자 회왕이 다시 재촉하며 말했다.

"걱정 마시오. 무슨 말이든 어서 해 보시오."

"진주가…, 진주가 제게 말하길 왕께 역겨운 냄새가 난다 하였습니다. 그것 때문에 코를 가리는 것입니다."

회왕은 정수의 말을 듣고 불같이 화를 내며 당장 진주의 코를 베어 버리라 명했다. 그리고 정수는 다시 회왕의 사랑을 되찾았다. 진주는 미녀 중의 미녀였지만 자신을 지킬 지혜가 없었기 때문에 결국 이렇게 비극적인 인생을 맞이하고 말았다.

정수는 부정적인 인간성의 일면을 보여주는 대표적인 예이다. 정수는 다른 사람을 해쳤지만 오히려 상대방으로 하여금 자신에게 감사하는 마음을 갖게 했다. 정수와 같은 부류의 사람들은 달콤한 말 뒤에 날카로운 칼을 숨기고 있다. 이들은 겉과 속이 아주 다르며, 치밀할 뿐 아니라 뛰어난 연기력까지 갖추고 있다. 그래서 이런 부류의 사람들은 그 진심을 간파하기가 쉽지 않다.

비록 인간성이란 본래 문제가 많은 것이기는 하지만, 우리는 누구를 대하든 반드시 미덕을 갖추어야 하며 진심으로 대하고 상대방을 이해해야 한다. 이것이 바로 순자가 우리에게 주는 가르침이다.

역사에서 배우기

소진蘇秦은 진秦나라 혜왕惠王에게 열 번 넘게 상소를 올려 연횡連橫책을 주장했지만 결국 받아들여지지 않았다. 얼마 후 소진은 떨어진 옷도 기우지 못하고 가지고 있던 장신구도 모두 팔아치웠지만 도저히 생활을 이어갈 수 없게 되자 어쩔 수 없이 진나라를 떠나 고향으로 돌아왔다. 소진은 짚신을 신고 책을 등에 지고 보따리를 질질 끌며 집으로 돌아왔다. 피골이 상접한 그는 얼굴색도 누렇게 변해 처참함 그 자체였다. 소진이 집에 돌아왔으나 그의 아내는 베틀에서 내려오지도 않았고, 그의 형수는 그에게 밥도 주지 않았으며, 그의 부모는 그와 말도 하지 않았다. 소진은 길게 탄식하며 이렇게 말했다.

"아내가 나를 남편으로 인정하지 않고, 형수가 나를 시동생으로 인정하지 않고, 부모가 나를 아들로 인정하지 않는 것은 모두 내가 잘못했기 때문이다!"

그래서 그날 이후 소진은 다시 밤낮 없이 학문에 매진했다. 책 상자에 있던 책을 모두 꺼내 놓고 그중 태공太公이 지은 병법서『음부陰符』를 탐독하기 시작했다. 소진은 이 책을 읽고 읽고 또 읽었으며, 중요한 내용은 따로 적어두고 또 읽었다. 그리고 책의 내용을 당시 상황과 결합하여 다시 한 번 그 안에 담긴 깊은 의미를 연구했다. 소진은 책을 읽다가 피곤하고 졸리면 송곳으로 자신의 허벅지를 찔렀고, 그 피가 발 밑까지 흘러내렸다고 한다.

"유세를 펼친 학자가 부귀영화와 존귀한 지위를 얻지 못했는데 어디 학자라 할 수 있겠는가!"

이렇게 일 년이 흐른 후 소진은 다시 한 번 전후 사정을 자세히 헤아려 본 후 말했다.

"이번에야말로 세상의 군주들을 설득할 수 있다!"

그래서 소진은 먼저 조趙나라 숙후肅侯를 찾아가 유세를 시작했고 두사람은 이야기가 잘 통해 금방 의기투합했다. 조왕은 매우 기뻐하며 소진을 무안군武安君으로 봉하고 그를 재상으로 임명했다. 이외에 조왕은 소진에게 병차 100여 대, 비단 천 필, 황금 20만 냥을 주었다. 소진은 계속해서 가장 강대국이었던 진나라를 견제하기 위해 6개 나라(한, 위, 제, 초, 연, 조)의 합종合縱을 추진하기 시작했고, 기존의 연횡책을 버렸다. 소진은 조나라의 재상이 된 후 진나라와 다른 제후 열국을 이어주는 통로인 함곡관函谷關을 철저히 봉쇄했다. 이렇게 하여 조나라는 쌀 한 톨 들이지 않고, 창 하나 낭비하지 않고, 병사 한 명 다치지 않고, 활 하나 부러지지 않고, 화살 하나 쏘지 않고 6개 제후국을 형제의 나라로 만들었다. 현명한 인재가 등장하자 천하가 굴복한 것이다. 조나라는 인재 한 명을 잘 기용함으로써 천하를 얻은 것이다. "용맹이 아니라 정치적 수완이 필요하다" "변방의 전쟁이 아니라 조정의 정책이 중요하다" 라는 말도 있지 않은가? 원래 소진은 궁벽한 시골 마을 초라한 초가집에 사는 궁색한 선비였으나, 재상으로 기용된 후 엄청난 부귀영화를 누리며 천하를 주름잡았다. 소진은 6개국 조정을 바쁘게 돌아다니며 유세를 펼쳤는데, 당시 각 나라 조정에 나와 있던 신하들은 소진 앞에서 입도 뻥끗하지 못했다고 한다.

어느 날 소진이 초나라에 가는 길에 낙양을 지나게 되었다. 이 소식을 들은 소진의 부모는 집안을 치우고 집밖의 골목까지 깨끗이 청소했다. 그리고 아들을 위한 잔칫상을 준비해 놓고 소진을 맞이하러 마을 밖 30리까지 나왔다. 소진의 아내는 감히 그를 똑바로 쳐다보지 못하고 곁눈질로 그의 안색을 살폈다. 소진의 형수는 마치 뱀처럼 바닥에 납작 엎드려 소진에게 정중히 인사하며 사죄했다. 이에 소진은 이렇게 물었다.

"형수님, 예전엔 그렇게 오만하더니 오늘은 어째서 이렇게 비굴하게 고개를 숙이십니까?"

그러자 형수가 답했다.

"지금 서방님은 존귀한 자리에 계시면서 부귀영화를 누리고 있지 않습니까?"

이에 소진은 한숨을 내쉬며 이렇게 말했다.

"슬프도다! 가난할 때는 부모조차 나를 자식으로 인정하지 않았는데, 부귀영화를 누리게 되니 가족들이 가장 나를 두려워하는구나. 이러하니 사람이 살아가면서 권력과 돈을 어찌 무시할 수 있겠는가?"

권력이 있으면 주변에 사람이 들끓고 권력을 잃으면 아무도 거들떠보지 않는다는 말이 있다. 이것은 옳지 못한 사람의 성정 중 하나이다. 이처럼 권력에 빌붙는 사람들은 잠시 이익을 얻을 수 있겠지만 깊은 사고가 결여되어 있으니 절대 지혜를 얻을 수 없다. 우리는 명예와 재물을 어떤 태도로 대해야 할까? "세상의 모든 일을 경험하고, 세상이 흘러가는 대로 내버려두라"라는 옛말을 잊지 말라.

공명은 총명을 낳고, 편애는 어리석음을 낳는다. 올바르고 진실한 마음은 통할 것이고, 거짓 속임수는 벽에 부딪친다. 참된 마음가짐을 지니면 지극히 지혜로워지고, 교만함에 빠지면 혼란에 빠진다. 군자는 이 여섯 가지 결과에 신중히 대처해야 한다. 현명한 우임금과 포악한 걸임금은 이것으로써 구분할 수 있다.

순자 · 불구

사람을 판단할 때 한 가지만 기준삼지 말라

다투지 않으면 화가 미치지 않는다

"인생이유욕人生而有欲, 욕이부득欲而不得, 즉불능무구則不能無求. 구이무도량분계求而無度量分界, 즉불능부쟁則不能不爭."

순자 · 예론禮論

사람은 평생 욕망을 버리지 못한다. 욕망이 있기 때문에 만족을 모르고 계속 다투고 쫓는다. 그러나 이것이 과하면 한도 끝도 없으니 반드시 다툼이 일어나기 마련이다.
사람은 욕심을 채우기 위해 서로 빼앗고 다툰다. 뺏고 뺏기는 과정을 반복하지만 결국 손에 남는 건 아무것도 없다. 남는 건 분노와 원한뿐이다. 그러므로 다투지 않으면 화도 없다.

순자는

「예론」에서 이렇게 말했다.

"사람은 평생 욕망을 버리지 못한다. 욕망이 있기 때문에 만족을 모르고 계속 다투고 쫓는다. 그러나 이것이 과하면 한도 끝도 없으니 반드시 다툼이 일어나기 마련이다. 다툼이 일어나면 혼란해지고, 혼란하면 곤궁해진다."

순자는 온갖 분쟁과 다툼의 원인에 대해 매우 현실적으로 논했다.

사람들 사이에 다툼이 일어나는 이유는 욕망이 과하고 재물과 명예를 지나치게 중시하기 때문이다. 그러나 이런 것은 모두 내 몸 밖의 일이니 손에 넣든 넣지 못하든 큰 상관없다.

이런 것을 얻는다고 해서 반드시 행복한 것도 아니고, 잃는다고 해서 반드시 불행한 것도 아니다. 우리는 보다 논리적인 사고를 통해 물질과 명예를 판단해야 한다. 끊임없이 물질과 명예를 추구하는 것은 결국 수많은 분쟁과 화의 근원이 될 뿐이다.

옛 선조들은 다툼과 분쟁과 관련해 감정과 행동을 절제할 줄 알아야 한다고 말했다. 가의賈誼는 『붕조부鵬鳥賦』에서 "너그럽고 도량이 넓은 사람은 세상에 달관하여 억지로 구하려 하지 않는다. 그러나 탐욕스러운 사람은 이익을 위해 죽음을 불사하고 열사는 명예를 위해 죽는다"라고 했다.

허명규許名奎의 『인경』에는 이런 내용이 있다.

"권력을 좋아하는 사람은 조정에서 권력을 다투고, 이익을 좋아하는 사람은 시장에서 이익을 다툰다. 끊임없이 뺏고 뺏기기를 반복하는 이들은 죽어도 지기 싫어한다. 돈과 재물이 있으면 여러 가지 좋은 점이 있지만 동시에 사람에게 해를 끼치기도 한다. 그러나 끝까지 이 사실을 인정하지 않아 결국 목숨을 잃는 사람들도 있다. 권력이 있으면 영예를 얻을 수 있지만 동시에 모욕을 당할 수도 있다. 그러나 사람들은 이 점에 대해서는 별로 깊이 생각하지 않으니 어찌 이런 폐해가 없을 수 있겠는가?"

순자는 분쟁이나 다툼을 아주 비천한 것으로 여겼다. 그는 「성악」에서 이렇게 말했다.

"오로지 빼앗아야 한다는 생각에 스스로 상처입고 죽는 것을 두려워하지 않으며 상대방이 얼마나 강한지도 생각지 않는다. 눈앞에 이익이 보이면 수단과 방법을 가리지 않으니 이것은 짐승이 앞뒤 가리지 않고 무식하게 달려드는 것과 다를 바 없다!"

여기에서 순자는 우리에게 지혜로운 사람은 원대한 안목을 가져야 하며 재물을 다투지 말아야 한다고 강조하고 있다. 이익을 더러운 분뇨처럼 여기고 권력을 가벼운 깃털처럼 여겨야 한다. 사람은 더럽다고 생각하는 것은 자연스럽게 피하기 마련이며, 별것 아니라고 생각하는 것은 쉽게 버릴 수 있기 때문이다. 이익을 피할 수 있으면 다른 사람에게 원한 살 일이 없고 권력을 버리면 자유를 얻을 수 있다. 그렇기 때문에 이보다 더 즐거운 인생은 없다.

일상 혹은 사회생활에서 반드시 알아두어야 할 것이 있다. 이익은 뺏는 것이 아니라 성실하게 열심히 일하여 스스로 만들어내는 것이라는 사실이다. 서로 뺏고 뺏기기를 반복하다 보면 자연스럽게 사이가 나빠질 것이며 어느 한 쪽도 만족스러운 이익을 얻을 수 없다.

그러므로 다투지 않아야 화를 피할 수 있으니, 이것이야말로 가장 현명한 처세법 중 하나이다.

역사에서 배우기

전국 시대 제나라에 3명의 천하장사가 있었다. 소위 제나라 '삼걸'로 불린 공손첩公孫捷, 고치자古冶子, 전개강田開疆이 바로 그들이다. 이들은 의형제를 맺고 뛰어난 용맹을 바탕으로 제나라 경공景公의 총애를 받으며 대단한 권세를 누렸다. 당시 제나라는 전씨의 세력이 날이 갈수록 강성해지고 있었다. 전씨 일가는 몇몇 다른 귀족 가문과 연합하여 그들에게 맞서고 있던 난欒씨와 고高씨 가문을 멸하고 더욱 위세를 드높여 군왕을 위협하기에 이르렀다. 제나라 재상 안자晏子는 삼걸의 나머지 둘이 가문의 위세를 믿고 안하무인으로 행동하는 전개강을 보고 배울까봐 염려했다. 이렇게 되면 삼걸은 나라의 커다란 우환이 될 터였기에 이들을 제거하기로 마음먹었다. 그러나 경공이 찬성하지 않을 것을 염려하여 아무도 모르게 묘책을 짜내었다.

얼마 후 노魯나라 소공昭公이 제나라를 방문하자 경공은 대규모 연회를 열었다. 노나라에서는 숙손叔孫 대부가, 제나라에서는 안자가 의례를 담당했다. 두 나라의 군신 4명이 연단 위에 앉고, 삼걸은 허리에 칼을 차고 연단 아래 아주 거만한 자세로 자리했다. 두 나라 군왕이 모두 기분 좋을 만큼 취하자 안자가 드디어 행동을 개시했다.

"마침 후원에 있는 금복숭아가 잘 익었습니다. 몇 개 따다가 두 분께 올리겠습니다!"

경공은 얼른 곁에 있는 시종에게 복숭아를 따오라고 명령했다. 이때 안자가 말했다.

"금복숭아는 아주 귀한 과일입니다. 제가 직접 따오겠습니다."

잠시 후 안자는 정원 관리원과 함께 금복숭아 6개를 쟁반에 받쳐 들고 돌아왔다. 경공은 안자를 보자마자 급히 물었다.

"이것뿐이오?"

"더 있었지만 잘 익은 것만 따왔습니다."

안자는 이렇게 말하면서 노나라 소공과 경공에게 각각 금복숭아 하나씩을 공손히 바쳤다. 금복숭아를 맛본 노나라 소공은 대단히 맛있다며 침이 마르도록 칭찬했다. 이에 경공은 이렇게 말했다.

"이 금복숭아는 참으로 귀한 것이오. 숙손 대부는 천하의 명사이니 금복숭아를 먹을 자격이 있소."

그러자 숙손 대부는 이를 사양하며 말했다.

"미천한 제가 어찌 안자 재상을 따를 수 있겠습니까? 이 복숭아는 마땅히 재상께서 드셔야 합니다."

경공은 두 사람 모두에게 금복숭아를 주었다.

"숙손 대부가 재상에게 양보하였으나, 그럴 필요 없이 두 사람 모두 각각 하나씩 먹으면 되겠소."

두 대신은 공손히 경공의 명을 받았다. 잠시 후 안자가 다시 말했다.

"아직 금복숭아 두 개가 남아 있습니다. 군왕께서 각 신하들에게 자신의 공덕을 말하도록 하신 후 공덕이 가장 큰 자에게 금복숭아를 상으로 내리시는 것이 어떻겠습니까?"

경공은 안자의 제안을 흔쾌히 받아들였다. 경공의 명이 떨어지자마자 공손첩이 앞으로 나와 의기양양하게 말했다.

"나는 일찍이 주공을 모시고 사냥을 나갔다가 공을 세운 바 있습니다. 갑자기 커다란 호랑이 한 마리가 주공을 향해 달려들었을 때 온 힘을 다해 호랑이를 때려죽이고 주공의 목숨을 구했습니다. 나의 공이 이 정도이니 복숭아를 먹을 자격이 되지 않겠습니까?"

이에 안자가 대답했다.

"목숨을 걸고 주공을 구했으니 그 공이 태산과 같습니다. 당연히 복숭아를 드실 자격이 됩니다."

이번엔 고치자가 고함을 지르며 앞으로 나섰다.

"호랑이 한 마리 때려잡은 게 뭐 그리 대단하단 말이오! 나는 주공을 모시고 황하를 건널 때 공을 세운 바 있습니다. 그때 갑자기 자라 한 마리가 나타나 주공이 타고 계신 말의 다리를 무는 바람에 하마터면 주공이 말과 함께 급류에 떠내려가실 뻔 했습니다. 이때 내가 물속으로 뛰어들어 자라를 죽이고 주공을 구했습니다. 이 정도 공이면 복숭아를 먹을 자격이 되지 않겠습니까?"

경공은 이 말을 듣고 대답했다.

"그때 황하의 물살이 정말 세찼소. 만약 장군이 자라를 죽이지 않았다면 나는 목숨을 부지하지 못했을 것이오. 확실히 대단한 공이오. 당연히 복숭아를 먹을 자격이 있소."

안자는 얼른 고치자에게 금복숭아를 건네주었다. 전개강은 금복숭아가 모두 사라지는 것을 보고 다급하게 뛰어나오며 소리쳤다.

"나는 일찍이 군왕의 명을 받고 서국徐國을 평정했습니다. 그때 서국의 대장군을 죽이고, 500명을 포로로 잡았고, 서국 군왕을 굴복시켜 공물을 받아냈습니다. 이 영향으로 주변의 소국들이 연달아 우리 제나라에 투항해 왔습니다. 내 공이 이렇게 큰데 복숭아를 먹을 수 없단 말입니까?"

전개강의 말이 끝나자 안자가 다급하게 대답했다.

"전개강 장군의 공은 공손첩 장군과 고치자 장군보다 10배 이상입니다. 그러나 금복숭아는 모두 나누어 주고 없으니 술 한 잔을 대신하시지요. 금복숭아가 다 익으면 가장 먼저 전개강 장군께 드리겠습니다."

경공도 전개강을 위로하며 말했다.

"그대의 공이 가장 크지만, 안타깝게도 너무 늦게 말하였소."

이에 전개강은 칼을 뽑아들고 분노한 목소리로 외쳤다.

"자라를 죽이고 호랑이를 때려잡은 것이 뭐 대단하단 말이오! 나는 평생 전쟁터를 누비며 생사를 넘나들었소. 그런데도 복숭아를 먹지 못하고 두 분 군왕 앞에서 이렇게 모욕을 당했으니 내가 앞으로 어떻게 얼굴을 들고 다니겠소?"

그리고 그 자리에서 자결하고 말았다. 이것을 보고 큰 충격을 받은 공손첩은 역시 칼을 빼어들고 외쳤다.

"나는 작은 공을 세우고 감히 금복숭아를 먹었으니 정말 살아 있을 자격이 없소."

그리고 역시 자결했다. 혼자 남은 고치자는 모든 것을 포기한 듯 힘없이 말했다.

"우리 세 사람은 형제보다 가까운 우정을 나누었소. 두 사람이 이렇게 죽었으니, 어찌 나 혼자 살아남을 수 있겠소?"

그리고 역시 칼을 빼어들고 자결했다. 주변 사람들이 말릴 사이도 없이 순식간에 세 사람이 자결해 버렸다.

노나라 소공은 이것을 지켜보다가 매우 안타까운 듯 이렇게 말했다.

"이 세 장군은 천하에 다시없을 대단한 용맹을 지녔다 들었소. 헌데 그깟 복숭아 하나 때문에 이렇게 죽음을 맞이하다니 정말 안타깝구려!"

복숭아 하나 때문에 세 명의 목숨이 희생되었으니, 이것은 모두 다툼이 빚은 결과이다. 노자는 『도덕경道德經』에서 "내가 다른 사람과 다투지 않으면 어느 누구도 나와 다투려 하지 않을 것이다"라고 말했다. 다툼은 백해무익한 일이니 최대한 다툼을 멀리해야 한다.

정직하게 행동했으나 남들이 이해해 주지 않는 것은 항상 남을 뛰어넘으려고 하기 때문이다. 청렴하게 살았지만 존경을 받지 못하는 것은 다른 사람의 감정을 상하게 했기 때문이다. 용감하게 행동했으나 위엄이 서지 않는 것은 탐욕스럽기 때문이다. 성실하게 살았지만 존경을 받지 못하는 것은 항상 독단적으로 행동했기 때문이다.

순자 · 영욕榮辱

다투지 않으면 화가 미치지 않는다

33. 사람은 자신을 아는 지혜를 지녀야 한다

"자왈子曰, '회回, 지자약하知者若何?'
안연대왈顔淵對曰, '지자자명知者自明.'"

순자 · 자도子道

공자가 "안회야! 지혜로운 사람은 어떠해야 하느냐?"라고 물었다. 이에 안연이 "지혜로운 사람은 자신을 알아야 합니다"라고 대답했다.

사람은 자신을 아는 지혜를 지녀야 한다. 자신을 제대로 알지 못하는 사람들은 완전히 극과 극의 행동을 나타낸다. 하나는 자신의 능력을 과장하여 지나치게 잘난 척하고 거만하게 구는 것이며, 다른 하나는 지나친 열등감에 사로잡혀 자신을 하찮은 존재로 생각하는 것이다. 교만이나 열등감은 모두 자신을 알지 못하기 때문에 생기는 것이다.

「자도」에 공자와 그 제자들의 대화가 실려 있다. 자로가 들어오자 공자가 물었다.

"유야! 지혜로운 사람은 어떠해야 하느냐? 인과 덕을 중시하는 사람은 어떠해야 하느냐?"

자로가 이렇게 대답했다.

"지혜로운 사람은 남들에게 자신을 이해시킬 수 있어야 하고, 인과 덕을 중시하는 사람은 남들이 자신을 사랑하게 만들어야 합니다."

"너는 유학자라 할 만하다."

또 자공이 들어오자 공자가 물었다.

"사야! 지혜로운 사람은 어떠해야 하느냐? 인과 덕을 중시하는 사람은 어떠해야 하느냐?"

자공이 이렇게 대답했다.

"지혜로운 사람은 다른 사람을 이해할 줄 알고, 인과 덕을 중시하는 사람은 남을 사랑해야 합니다."

"너는 유학자 중의 군자라 할 만하다."

다시 안연이 들어오자 공자가 물었다.

"회야! 지혜로운 사람은 어떠해야 하느냐? 인과 덕을 중시하는 사람은 어떠해야 하느냐?"

안연은 이렇게 대답했다.

"지혜로운 사람은 자신을 알아야 하고, 인과 덕을 중시하는 사람은 자신을 사랑할 줄 알아야 합니다."

"너는 세상 이치에 통달한 군자라 할 만하다."

순자는 공자와 그 제자들의 대화를 통해 우리에게 인간에게 있어 자신을 아는 것이 얼마나 중요한지를 일깨워주고 있다.

자신을 알라는 말은 자신을 이해하라는 뜻이다. 이것을 이렇게 강조하는 것은 그만큼 쉽지 않은 일이기 때문이다. 자신을 아는 사람을 현명하다고 하는 것은 이것이 곧 지혜이기 때문이다.

사람이 자신을 알지 못하는 것을 빗대어 장자는 "자신의 눈으로 자신의 눈썹을 보지 못한다"라고 말했다. 눈은 수십 리 먼 곳까지 볼 수 있지만 가장 가까이 있는 자신의 눈썹은 보지 못한다. 이 말은 "여산廬山의 진면목을 알지 못하는 것은 다만 몸이 산 속에 있기 때문이다"라는 말과도 일맥상통한다.

그렇다면 우리는 어떻게 해야 자신을 알 수 있을까?

(1) 홀로 시간을 갖고 자신과 마주하라

우리는 수많은 일상과 업무, 그리고 인간관계를 맺는 데 대부분의 시간을 보내기 때문에 현실적으로 자신을 이해할 시간이 없다. 복잡하고 정신없이 돌아가는 일상 속에서 일단 자신만을 위한 시간을 만들어 혼자만의 공간을 확보하라. 그리고 조용히 홀로 내면 속의 자아를 찾아보라.

(2) 자신과 충분한 대화를 나누라

진심으로 자신을 이해하려면 먼저 자신과 대화하는 습관을 길러야 한다. 매일 조금이라도 자신만을 위한 시간을 가져야 한다. 혼자 있는 시간이 되면 그 순간 마음속에서 모든 감각, 감정, 생각을 걸러내어 진지하게 자신의 마음이 평형을 유지하고 있는지 살펴볼 수 있다. 자신이 정말 원하는 것이 무엇인지, 어떻게 해야 도리에 맞게 행동하며 마음의 평화를 얻을 수 있는지, 자신이 가지고 있는 문제점의 원인이 무엇인지, 자신의 처세법에 어떤 문제가 있는지 등을 진지하게 생각해보라.

[3] 다른 사람을 통해 자신을 이해하라

자신이 다른 사람의 마음속에 어떤 이미지로 자리 잡고 있는지 알아보라. 가족이나 가까운 친구들에게 자신이 어떤 이미지인지 물어보고 그들의 생각을 주의 깊게 들어 보라. 주변 사람들의 나에 대한 태도와 평가를 통해 스스로 가슴에 손을 얹고 반성해 보라. 내가 잘못한 행동은 무엇일까? 내가 잘한 것은 무엇일까? 나에게 부족한 것이 무엇일까? 그러나 반드시 주의할 점이 있다. 주변 사람들이 좋은 뜻으로 정확히 꼬집어 주는 비판이라면 반드시 받아들여야 한다는 것이다.

사람은 반드시 자신을 알고 정확히 이해해야 한다. 키가 큰지, 몸무게가 많이 나가는지, 살이 쪘는지 말랐는지, 예쁜지 못생겼는지 하는 외적인 조건은 물론 자신이 어떤 부류의 사람인지 자신의 장점과 단점은 무엇인지를 정확히 알아야 한다. 또한 자신이 어떤 길을 가야할지, 자신에게 적합한 일은 무엇인지 등 자신의 사회적 위치를 정확히 파악해야 한다. 현실적으로 볼 때 인생에서 더 중요한 것은 후자 쪽이다.

역사에서 배우기

제나라 위왕威王 때 재상이었던 추기鄒忌는 아주 준수하고 늠름한 외모였다. 키가 팔 척이 넘고 체격이 장대하고 용모가 수려했다. 추기가 사는 도성에 서공徐公이란 사람이 살고 있었는데, 추기와 함께 제나라를 대표하는 미남자로 손꼽혔다.

어느 날 아침 일찍 잠에서 깬 추기는 옷을 입고 모자까지 갖춘 후 거울 앞으로 다가가 자신의 차림새와 생김새를 천천히 살펴보았다. 추기는 스스로도 자신의 외모가 확실히 남들보다 뛰어나다고 생각했다. 그는 잠시 후 아내에게 물었다.

"나랑 도성 북부에 사는 서공이랑 누가 더 잘생겼소?"

추기의 아내는 추기에게 가까이 다가가 그의 옷깃을 매만지며 이렇게 대답했다.

"물론 당신이 훨씬 잘생겼지요. 서공인가 뭔가 하는 사람이랑 어찌 비교나 할 수 있겠습니까?"

추기는 아내의 말을 다 믿지는 않았다. 도성 북부에 사는 서공은 모두가 인정하는 미남자였기 때문이다. 추기는 어쩌면 자신이 서공에 뒤질지 모른다는 생각에 불안해 하며 첩에게 다시 물어보았다.

"이보게. 나랑 도성 북부에 사는 서공이랑 누가 더 잘생겼는가?"

추기의 첩은 얼른 대답했다.

"대감이 서공보다 훨씬 잘생겼습니다. 그 자가 어디 대감과 비교나 되겠습니까?"

다음 날 추기는 집에 찾아온 손님과 함께 이런저런 이야기를 나누던 중 어제 아내와 첩에게 물었던 일이 생각나 손님에게도 다시 물어보았다.

"여보시오. 나랑 도성 북부에 사는 서공이랑 누가 더 잘생겼소?"

손님은 조금도 주저하지 않고 명쾌하게 대답했다.

"서공이 어디 대감과 비교나 되겠습니까? 당연히 대감이 훨씬 더 잘생겼지요."

추기는 이렇게 세 번 모두 같은 대답을 얻자 모든 사람이 서공보다 자신이 더 잘생겼다고 생각하는 것이 틀림없다고 생각하게 되었다. 그러나 추기는 지혜로운 사람이었기 때문에 득의양양해하며 거만하게 행동하지는 않았다. 그러나 진심으로 자신이 서공보다 잘생겼다고 굳게 믿었다.

며칠 후 마침 서공이 추기의 집에 찾아왔다. 추기는 서공을 보자마자 그의 뛰어난 외모에 놀라 그 자리에 굳어 버렸다. 두 사람이 이야기를 나누는 동안 추기는 계속해서 서공의 외모를 자세히 뜯어보았다. 그리고 자신의 외모가 서공만 못하다는 사실을 깨달았다. 추기는 마지막으로 이 사실을 확인하기 위해 거울로 자신의 모습을 비춰보고 다시 고개를 돌려 서공을 바라보았다. 역시 자신의 외모는 서공보다 훨씬 못했다.

그날 잠자리에 누운 추기는 서공과 만났던 일을 생각하고 또 생각했다. 자신의 외모가 서공보다 못한 것이 분명한데 아내와 손님들은 왜 자기가 서공보다 잘생겼다고 말했을까? 오랜 생각 끝에 추기는 드디어 정답을 찾았다. 그리고 혼자 이렇게 중얼거렸다.

"그들은 나에게 잘 보이려고 그런 것이었어! 아내가 나에게 잘생겼다고 말한 것은 나를 위로하기 위한 것이고, 첩이 나에게 잘생겼다고 한 것은 나의 총애를 잃을까 두려웠기 때문이고, 손님이 나에게 잘생겼다고 한 것은 그가 나에게 부탁할 것이 있어서였어. 이제 보니 나는 주변 사람들의 아첨 때문에 나자신을 제대로 알지 못했구나."

 사람들은 긍정적이고 듣기 좋은 말만 좋아한다. 특히 자신을 알지 못하는 사람은 듣기 좋은 말이 진심이라고 생각하여 의기양양해지고 스스로 대단하다고 여긴다. 그리고 이 말 속에 숨긴 속뜻이나 말하는 사람들이 어떤 목적을 가지고 있는지는 미처 깨닫지 못한다. 반대로 자신을 잘 아는 현명한 사람은 자신을 칭찬하는 말을 들으면서도 항상 이성적으로 자신이 가야 방향을 잃지 않는다.

모르는 것은 묻고, 못하는 것은 배워야 한다. 아무리 학식이 높다 해도 반드시 겸손해야 한다. 이래야 비로소 도덕을 갖추었다 할 수 있다.

순자 · 비십이자

사람은 자신을 아는 지혜를 지녀야 한다

능력에 맞게 행동하라

"공자왈孔子曰, '능지왈능지能之曰能之, 불능왈불능不能曰不能, 행지지야行之至也.'"

순자 · 자도子道

공자가 말하길 "할 수 있는 것은 할 수 있다고 말하고, 할 수 없는 것은 할 수 없다고 말해야 한다. 이것이 바로 행동의 기본 원칙이다"라고 했다.
어떤 일이든 자신의 능력에 맞게 행동해야 하며, 항상 일을 하기에 앞서 자신의 능력을 충분히 분석해야 한다. 능력에 맞게 행동한다는 것은 먼저 정확히 자신의 능력을 가늠하여 자신이 할 수 없는 일은 하지 않는 것을 뜻한다.

순자는

사람은 반드시 자신의 능력을 아는 지혜가 필요하다고 주장했다. 자신을 아는 사람은 자신의 능력이 어느 정도인지 알고 능력에 맞게 행동할 수 있다.

능력에 맞게 행동한다는 것은 먼저 정확히 자신의 능력을 가늠하여 자신이 할 수 없는 일은 하지 않는 것을 뜻한다.

『장자』「인세간人世間」에 다음과 같은 이야기가 있다.

노나라 명사 안합顔闔이 위나라에서 유세를 하고 있을 때, 위나라 영공이 안합의 학식을 높이 사 그를 왕자 괴귀蒯聵의 스승으로 초빙하려 했다.

안합은 괴귀의 성품이 잔인하고 함부로 사람을 죽여 위나라 사람 모두가 그를 두려워한다는 말을 들었다. 안합은 자신이 과연 이런 사람을 가르칠 수 있을까 자신이 없었다. 그래서 위나라 현자 거백옥蘧伯玉을 찾아가 조언을 구하기로 했다. 안합은 괴귀에 대해 들은 것을 거백옥에게 이야기하며 물었다.

"지금 왕께서 저를 왕자의 스승으로 삼으려 하고 있습니다. 제가 만약 여기에 응한다 해도 이 일을 잘 해낼 수 없을 것입니다. 만약 왕자를 바른 길로 인도하지 못하고 제멋대로 행동하게 두면 그는 계속 사람들은 해칠 것이고 위나라를 위기에 빠뜨릴 것입니다. 그러나 만약 제가 왕자를 엄하게 단속하여 마음대로 행동하지 못하게 한다면 왕자가 저를 죽일 지도 모릅니다. 그러니 제가 어찌해야 하겠습니까?"

거백옥은 이렇게 대답했다.

"그대의 능력으로 왕자 괴귀를 가르치는 일은 결코 쉽지 않을 것이오. 만약 정말 왕자의 스승이 되고자 한다면 반드시 신중하게 행동하여 경솔하게 왕자의 감정을 건드리지 않도록 해야 하오. 그렇지 않으면 죽음을 면치 못할 것이오. 자신의 말을 너무 아낀 나머지 벌레가 말을 무는 것을 보고 칼을 휘둘렀다가 결국 놀란 말의 발에 차여 죽음을 초래하는 것과 같은 것이오."

거백옥은 안합이 계속 고개를 끄덕이는 것을 보며 또 다른 예를 들었다.

"사마귀를 본 적이 있소? 어느 날 내가 마차를 타고 길을 가는 데 앞쪽에 사마귀 한 마리가 있었소. 그런데 이 사마귀는 마차 바퀴가 다가오는 것을 보고 힘껏 앞다리를 들어올려 마차 바퀴를 막으려 했소. 그 사마귀는 자신의 힘으로 절대 마차 바퀴를 막을 수 없다는 사실을 몰랐던 것이지요. 결국 그 사마귀는 마차 바퀴에 깔려 죽고 말았지요. 사마귀가 자신의 능력이 어느 정도인지 몰랐기 때문이지요. 그대도 자신의 능력을 생각하지 않고 괴귀의 스승이 된다면 방금 말한 사마귀와 같은 비극을 초래하게 될지 모르오."

안합은 거백옥의 말을 듣고 괴귀의 스승이 되지 않고 위나라를 떠나기로 결심했다. 후에 괴기는 커다란 문제를 일으켜 결국 죽음을 맞이했다.

순자는 「자도」에서 공자가 한 말을 인용했다.

"할 수 있는 것은 할 수 있다고 말하고, 할 수 없는 것은 할 수 없다고 말해야 한다. 이것이 바로 행동의 기본 원칙이다."

순자는 능력에 따라 행동하는 것을 행동의 기본 원칙으로 삼아야 한다고 생각했다. 사람의 능력에는 한계가 있다. 그러나 이 점을 간과하고 허세를 부리며 굳이 어려운 임무를 맡으려한다면 공연히 힘만 낭비할 뿐 절대 좋은 결과를 얻을 수 없다.

능력에 맞지 않는 행동이란 능력이 부족한데 어려운 임무를 맡으려 하거나, 자신의 힘이 미치지 않는 일에 도전하거나, 자신이 할 수 없는 부탁을 받았을 때 무턱대고 수락하거나, 능력이 미치지 않는 높은 자리에 오르는 것을 의미한다. 이것은 모두 자신의 능력 범위를 벗어난 행동으로 작게는 자신을 망치고 크게는 다른 사람과 사회에 손해를 끼칠 수 있다.

어떤 일이든 반드시 자신의 능력에 맞게 행동해야 한다. 절대 미약한 능력으로 과중한 임무를 맡으려 하지 말라. 이것은 스스로 불행을 자초하는 일이 될 것이기 때문이다.

역사에서 배우기

공자가 자로와 안회의 집을 방문하여 식사를 한 적이 있었다. 자로는 집안 형편이 매우 넉넉하여 공자에게 매우 융숭한 대접을 했다. 수십 가지가 넘는 산해진미가 상 위에 올라왔다. 공자가 자로의 집에서 식사를 마치고 돌아가자 제자들이 음식이 어땠느냐고 물었다. 그러자 공자는 "집에서 늘 먹는 보통의 식사였을 뿐이다!"라고 대답했다.

이번엔 안회의 집을 방문했는데, 안회의 어머니는 야채와 두부로 만든 반찬을 상에 올렸다. 그러나 공자는 아주 맛있게 식사를 하면서 입에 침이 마르도록 칭찬을 했다. 공자가 안회의 집에 다녀오자 제자들은 또 음식이 어땠느냐고 물었다. 그러자 공자는 "정말 맛보기 힘든 산해진미였네!"라고 대답했다.

제자들은 자로와 안회의 집안 형편을 잘 알고 있었기 때문에 공자의 말을 이해할 수 없었다. 그래서 다시 공자에게 계속해서 자세한 사정을 물었다. 그러자 공자는 이렇게 대답했다.

"배가 고프면 모든 음식이 꿀처럼 달게 느껴지지만, 배가 부르면 꿀도 달지 않은 법이다. 밥을 먹는 것은 그저 배를 채우는 일일 뿐이지만 그 안에 정성을 담을 수 있다. 식사를 준비하는 사람이 자신의 분수와 능력에 맞게 진심을 표현하는 것이 가장 좋다. 자로의 집에 갔을 때는 내가 방문했다고 해서 특별히 밥상이 달라지지 않았다. 그래서 집에서 늘 먹는 보통의 식사였다고 말했던 것이다. 하지만 안회의 집은 사정이 다르다. 안회의 어머니는 평소 야채만으로 겨우 허기를 달랬지만, 내가 갔을 때 특별히 나를 위해 직접 밭에서 콩을 따고 산에 올라가 나물을 캐어 음식을 준비했다. 나는 그 정성에 크게 감동했고 평생 그 감동을 잊지 못할 것이다. 그때 내가 먹은 음식은 분명 어떤 산해진미보다 맛있는 것이었다. 나는 안회와 그 어머니의 인정에 큰 빚을 진 것이 부끄러울 따름이다."

사람 사이에 교류를 하다 보면 무언가를 주고받게 되어 있다. 요즘 사람들은 대부분 물질로 우정과 사랑을 전한다. 이것만 보더라도 요즘 사람들은 확실히 옛 사람들보다 현명하지 못하다. 오늘날 인정은 곧 빚이다. 사람들은 인정을 표현하기 위해 과도한 에너지를 쏟아 붓고 있다. 서로 지지 않기 위해 점점 수준을 높이며 맹목적으로 유행을 쫓아가려 한다. 예의상 오고가는 것이 필요하기는 하지만 반드시 분수와 능력에 맞게 행동해야 한다.

공자가 말하길 "군자는 아는 것을 안다고 말하고, 모르는 것은 모른다고 말한다. 이것은 말할 때 가장 중요한 원칙이다. 할 수 있는 것은 할 수 있다고 말하고, 할 수 없는 것은 할 수 없다고 말해야 한다. 이것이 바로 행동의 기본 원칙이다. 말할 때 원칙에 부합하는 것이 지혜이고, 행동할 때 원칙에 부합하는 것은 인이다. 지혜롭고 인과 덕을 갖추었다면 또 무엇이 필요하겠는가?"라고 했다.

순자 · 자도

능력에 맞게 행동하라

겸손하게 사람을 대하라

"수유과모지자雖有戈矛之刺, 불여공검지리야不如恭儉之利也."

순자 · 영욕榮辱

날카로운 무기를 가지고 있는 것이 예의 바르고 겸손한 태도로 사람을 대하는 것보다 효과적이지 않다.
겸손이란 남을 공경하고 예의 바르게 행동한다는 뜻이다. 겸손은 일종의 미덕이고 수양의 척도이다. 겸손하게 행동할 수 있는지 없는지를 보아 한 사람의 인품이 고상한지 아닌지를 판단할 수 있다. 겸손은 장점으로 꼽을 수 있는 고상한 인품이며 평생을 써도 마르지 않는 재산이다.

순자는

"날카로운 무기를 가지고 있는 것이 예의바르고 겸손한 태도로 사람을 대하는 것보다 효과적이지 않다"라고 말했다.

겸손은 장점으로 꼽을 수 있는 고상한 인품이며 평생을 써도 마르지 않는 재산이다. 겸손한 태도로 사람을 대하면 좋은 인연을 얻을 수 있다.

겸손한 인품을 지닌 사람은 평등과 안정을 중요시한다. 그래서 주변 사람들에게 친밀감을 주어 심리적인 안정을 느끼게 하며, 상대방으로 하여금 열등감이나 실의를 느끼게 하지 않는다. 또한 겸손은 상대방에게 고귀함과 자신감을 느끼게 할 수도 있다. 이것은 모든 사람이 원하는 것이기도 하다. 그러므로 다른 사람에게 실망감을 주지 않고 자신감을 갖게 하려면 상대방에게 최대한 겸손한 태도를 보여 주어야 한다.

겸손한 사람은 다른 사람에게 배척당하지 않고 사회와 집단에서 쉽게 인정받을 수 있다. 사회적으로 성공을 거두고 겸손한 사람은 자신의 가치를 두 배로 높일 수 있다. 순자는 춘추 시대 초나라 재상 손숙오를 겸손의 최고봉으로 꼽았다.

어느 날, 한 변경 관리가 손숙오에게 이렇게 물었다.

"관직에 오래 있으면 선비들이 그를 질투하고, 봉록이 많아지면 백성들이 그를 원망하고, 관직이 높아지면 군왕이 그를 미워한다고 들었습니다. 지금 대인은 관직에 오른 지 오래 되었을 뿐아니라, 봉록도 많고 자리도 높습니다. 이 세 가지를 모두 갖추었으나 초나라 선비와 백성들 중 대인을 미워하는 자가 아무도 없습니다. 왜 그렇습니까?"

손숙오가 이렇게 대답했다.

"나는 지금 초나라 재상의 자리를 세 번째 연임하고 있네. 그러나 더욱 겸손하게 생각하고, 봉록이 높아질 때마다 더 많이 베풀고, 지위가 높아질수록 주변 사람들에게 더욱 예의바르게 행동했네. 내가 초나라 선비와 백성들에게 죄를 짓지 않을 수 있었던 이유는 바로 이것이네."

가득 차면 손해가 생기고, 겸손하면 이익이 생긴다. 순자는 「유좌

宥坐」편에 공자와 자로의 대화를 인용했다.

자로가 공자에게 물었다.

"가득 찬 상태를 유지하는 방법이 있습니까?"

이에 공자가 대답했다.

"총명과 지혜는 어리석음으로 지키고, 커다란 공은 양보로 지키고, 대단한 용기는 나약함으로 지키고, 큰 재물은 겸손한 태도로 지킨다. 이것이 바로 양보하고 또 양보해야 하는 까닭이다."

겸손은 처세법의 불변의 진리이다. 겸손한 사람은 의기양양하거나, 잘난 척 하지않고, 자신만 옳다고 고집하지도 않는다.

순자는 "오만하고 비난을 무시하는 것이 화의 근원이다. 예의 바르고 겸손하면 전쟁의 위기에서 벗어날 수 있다"라고 말했다. 겸손은 전쟁의 위협도 해결할 수 있으니 사람과 사람 사이의 문제는 아무것도 아니다.

그러나 겸손에도 반드시 지켜야 할 것이 있다. 겸손은 절대 비굴하게 굴복하거나 권력에 빌붙어 아부하는 것과는 다르다. 과도한 겸손은 상대를 기만하는 것이며 자신을 비하하는 것이 된다. 그러므로 겸손하더라도 반드시 자아를 지킬 수 있는 적당한 선을 지켜야 한다.

역사에서 배우기

조조曹操는 장수張를 투항시킨 후 가후賈诩의 건의를 받아들여 다시 유표를 투항시킬 장수를 찾아보기로 했다. 이때 공융孔融이 예형禰衡을 추천했다. 그러나 예형은 자신의 재능만 믿고 오만방자하게 행동하며 조조 수하의 인재들을 비난했다. 이에 분노한 장료張遼가 칼을 빼들고 예형을 죽이려 하자 조조가 그를 말리며 이렇게 말했다.

"마침 북 치는 사람이 없으니, 매일 조정회의가 있을 때 그리고 연회가 있을 때 자네가 북을 울려주게나."

예형은 조조의 명을 받아들인 후 그 자리를 떠났다. 예형이 나가자 장료가 조조에게 물었다.

"저자는 하는 말마다 오만 불손하기 짝이 없습니다. 왜 죽이지 않으십니까?"

그러자 조조가 이렇게 대답했다.

"저자의 이름이 허명이라는 것은 온 세상이 다 알고 있다. 하지만 내가 그를 죽인다면 세상 사람들은 이 조조가 도량이 넓지 못하다며 비웃을 것이다. 저자는 스스로 인내심이 강하다고 생각하고 있으니 북 치는 임무를 맡겨 그에게 모욕을 주는 것이 낫다."

다음 날 조조는 큰 연회를 열었고 예형에게 북을 치라고 명했다. 잠시 후 예형이 다 낡은 옷을 입고 들어와 "어양삼과漁陽三撾"를 연주하기 시작했다. 리듬감이 절묘한 깊은 울림이 마치 금석金石을 연주하는 것처럼 들렸다. 연회에 모인 사람들은 모두 알 수 없는 감정에 사로잡혀 저도 모르게 눈물을 흘렸다. 이때 누군가 예형에게 물었다.

"왜 새 옷으로 갈아입지 않았소?"

그러자 예형은 사람들 앞에서 옷을 벗기 시작했다. 예형이 실오라기 하나 걸치지 않고 옷을 전부 벗어버리자 사람들은 차마 그를 보지 못하고 얼굴을 가렸다. 잠시 후 예형은 아무렇지도 않다는 듯 바지를 입었다. 이 모습을 보고 있던 조조가 예형을 꾸짖었다.

"궁 안에서 어찌 이렇게 무례하게 구느냐?"

그러자 예형은 이렇게 대답했다.

"군왕을 속이고 기만하는 것이 무례한 것이지요. 저는 단지 부모가 물려주신 몸의 청렴함을 보여주려는 것뿐입니다."

조조는 다시 물었다.

"네가 청렴하다면 누가 더럽다는 것이냐?"

예형은 이렇게 대답했다.

"주군께서는 현명함과 어리석음을 구분하지 못하니 눈이 더럽고, 책을 읽지 않고 시를 읊지 않으니 입이 더럽고, 충언을 받아들이지 않으니 귀가 더럽고, 고금의 진리를 알지 못하니 몸이 더럽고, 주변 제후국을 포용하지 못하니 뱃속이 더럽고, 항상 왕위 찬탈만 꿈꾸고 있으니 마음이 더럽습니다. 천하의 명사인 나에게 북 치는 일을 시켰으니 이것은 양화陽貨가 공자를 멸시한 것과 같습니다."

그러자 조조는 예형에게 이렇게 명령했다.

"지금 당장 그대를 형주荊州에 사신으로 보내겠다. 만약 유표를 투항시키면 그대를 공경公卿에 봉하겠다."

예형은 가지 않겠다고 했지만 조조는 사람들을 시켜 그를 억지로 형주로 보냈다. 예형은 형주에서 유표를 만나 일단 유표의 공덕을 칭찬하는 말을 늘어놓았다. 그러나 이것을 표면적인 것일 뿐 사실은 유표를 조롱하는 것이었다. 기분이 상한 유표는 예형에게 황조黃祖를 찾아가라고 했다. 이때 누군가 유표에게 물었다.

"예형이 주공을 조롱했는데, 왜 그를 죽이지 않으십니까?"

유표는 이렇게 대답했다.

"예형은 지금까지 수차례 조조에게 모욕을 주었다. 하지만 조조는 민심을 잃을 것을 두려워하여 그를 죽이지 않았다. 그래서 예형을 나에게 보내 내 손을 빌려 그를 죽이려 한 것이다. 천하의 인재를 죽였다는 오명을 내게 덮어씌우려는 것이지. 내가 예형에게 황조를 만나보라고 한 것은 조조에게 나 유표의 식견을 보여주기 위함이네."

유표의 수하들은 모두 고개를 끄덕이며 감탄했다.

황조를 찾아간 예형은 그와 함께 술을 마셨고 두 사람 모두 거나하게 취했다. 이때 황조가 예형에게 물었다.

"허도許都에 어떤 사람들이 있소?"

"공융을 가장 첫 번째로 꼽을 만하고, 양수楊修 정도를 꼽을 수 있습니다. 이 두 사람 외에는 인재라 할 사람이 없습니다" 황조가 다시 물었다.

"나는 어떤 사람 같소?"

"종묘사직에 모셔놓은 조상신 같은 사람이오. 꼬박꼬박 제사는 받아먹으면서 전혀 신통력을 발휘하지 못하는 조상신 말이오!"

이 말을 듣고 화가 난 황조는 "감히 네 놈이 나를 허수아비 인형 취급을 한단 말이냐!"라고 말하며 당장 예형을 죽여 버렸다. 예형은 죽는 그 순간까지 황조를 비난했다. 조조는 예형이 죽었다는 소식을 듣고 코웃음을 치며 이렇게 말했다.

"날카로운 혀밖에 없는 쓸모없는 서생이 결국 죽음을 자초했구나!"

"하늘은 스스로 높다고 생각하지 않고, 땅은 스스로 넓다고 생각하지 않는다"라는 말이 있다. 능력이 있는지 없는지, 능력이 대단한지 아닌지는 다른 사람이 더 잘 안다. 남들이 자신을 몰라준다고 생각하여 스스로 나서지 말고 절대 경거망동하지 말아야 한다. 이 세상 어느 누구도 말만 앞서는 사람을 신뢰하지 않는다. 또한 말이 많고 오만불손한 사람과 함께 일 하고 싶어 하는 사람은 아무도 없다. 그러므로 어떤 상황에서든 겸손하고 예의바르게 행동해야 한다.

오만하고 비난을 무시하는 것이 화의 근원이다. 예의바르고 겸손하면 전쟁의 위기에서 벗어날 수 있다. 날카로운 무기를 가지고 있는 것이 예의바르고 겸손한 태도로 사람을 대하는 것보다 효과적이지 않다. 그러므로 좋은 말로 상대를 칭찬하는 것이 비단 옷을 선물하는 것보다 훨씬 따뜻하게 느껴진다. 독한 말로 상대에게 상처를 주는 것은 창으로 찌르는 것보다 깊은 상처를 준다.

순자 · 권학

겸손하게 사람을 대하라

사람은 반드시 주관이 있어야 한다

"천불위인지악한야철동 天不爲人之惡寒也輟冬,
지불위인지악요원야철광 地不爲人之惡遼遠也輟廣"

순자 · 천론 天論

하늘은 사람이 추운 것을 싫어한다 해서 겨울을 없애지 않는다. 땅은 사람이 넓고 먼 것을 싫어한다 해서 그 광활함을 없애지 않는다.
자신이 가야 할 길을 가되 다른 사람의 말에 흔들리지 말라! 지혜로운 사람은 자기 주관이 확실하기 때문에 확고한 자아를 세우고 부화뇌동하지 않는다.

순자는 이렇게 말했다.

"하늘은 사람이 추운 것을 싫어한다 해서 겨울을 없애지 않는다. 땅은 사람이 넓고 먼 것을 싫어한다 해서 그 광활함을 없애지 않는다. 군자는 소인배의 기세가 흉흉하다 하여 자신의 덕행을 접지 않는다."

순자는 사람은 반드시 자기만의 원칙이 있어야 하고, 다른 사람에게 비위를 맞추기 위해 경솔하게 원칙을 바꾸면 안 된다고 강조했다.

그러나 우리 주변에는 순자의 주장과 반대로 움직이는 사람들이 아주 많다. 이런 부류의 사람들은 자기 생각과 다른 주장에 부딪치면 어찌해야 할 바를 몰라 크게 당황해 하다가 아주 쉽게 자신의 입장을 포기해 버린다. 이런 사람들에게 주관을 찾아보기란 매우 힘들다.

할아버지와 손자가 나귀를 끌고 가고 있었다. 처음엔 할아버지가 나귀를 타고 손자는 걸어갔다. 잠시 후 길에서 마주친 소년들은 어떻게 자기만 편안하게 나귀를 타고 어린 손자를 힘들게 할 수 있느냐며 할아버지를 비난했다. 할아버지도 생각해 보니 소년들의 말이 맞는 것 같았다. 손자는 아직 어리니 이렇게 오래 걷는 것은 분명 힘들 것이었다. 그래서 할아버지는 당장 나귀에서 내리고 손자를 나귀에 태웠다.

손자가 나귀를 탄 지 얼마 되지 않아 두 사람은 지나가는 어른들과 마주쳤다. 어른들은 입을 모아 나귀를 타고 있는 손자를 욕했다. 어떻게 백발이 성성한 할아버지를 걷게 하고 자기만 편안하게 나귀를 탈 수 있는가? 손자도 생각해 보니 자기가 잘못한 것 같았다. 자기는 아직 나이가 많지 않지만 나이 많은 할아버지는 걷는 것이 매우 힘들 터였다. 손자는 할아버지에게 죄송해 하며 당장 나귀 등에서 내려왔다. 그리고 두 사람은 아예 나귀를 타지 않고 같이 걷기로 했다.

잠시 후 두 사람은 또 다시 지나가는 사람의 비웃음거리가 되었다. 두 사람은 나귀가 있는데도 타지 않고 힘들게 두 다리로 걸어가고 있으니 정말 나귀보다 더 바보 같지 않은가? 할아버지와 손자는 사람들이 하는 말을 듣고 이 말도 일리가 있다고 생각했다. 짐을 지는 임무를 타고 태어난 나귀는 편하게 가고 왜 사람이 힘들게 걸어가야 하겠는가? 그래서 두 사람은 같이 나귀를 타기로 했다.

그러나 또 얼마 가지 않아 두 사람은 또 다른 비난에 부딪혔다. 사람들은 이 두 사람에게 정말 사람도 아니라며 욕을 했다. 두 사람이 나귀 등에 올라타고 있으니 나귀가 얼마나 힘들겠는가? 아무리 짐을 지는 게 임무라지만 잘못하면 지쳐 죽을지도 모를 일이 아닌가! 할아버지와 손자는 이 말도 일리가 있다고 생각했다. 그래서 두 사람은 당장 나귀 등에서 내려왔다. 그러나 두 사람은 더 이상 어떻게 해야 할지 몰라 매우 난감했다.

할아버지가 나귀를 타고 손자가 걸어가면 사람들이 할아버지를 욕하고, 손자가 나귀를 타고 할아버지가 걸어가면 사람들이 손자를 욕한다. 두 사람 모두 나귀를 타지 않으면 사람들이 바보 같다고 놀리고, 두 사람이 같이 나귀를 타면 동물 학대라고 비난한다. 나귀를 탈 수도 없고 안 탈 수도 없으니 정말 난감한 일이었다. 이 이야기를 통해 한 가지 일을 두고 사람들의 생각과 태도가 얼마나 다양한 지 잘 알 수 있다.

우리 주변 사람들을 살펴보면 그들은 지식, 교양, 경험, 처한 상황이 모두 다르다. 그렇기 때문에 같은 일을 대하더라도 느낌이나 생각이 다를 수밖에 없다. 현대 사회는 매우 복잡하고 어지럽다. 이런 상황에서 주관 없이 남들이 하는 말에 쉽게 흔들리고 따라가는 사람, 원칙이 없어 중심을 잡지 못하는 사람은 어느 누구의 말을 믿고 따라야 할지 평생 고민하고 주저하게 된다.

그러므로 우리는 어떤 일을 하든지 반드시 자신의 주관을 확고히 세워야 한다. 스스로 옳다고 생각하여 추진하는 일이라면 다른 사람의 말에 크게 신경 쓰지 않는 것이 좋다.

스스로 확신을 갖고 자신을 믿으라. 다른 사람의 시선을 두려워하지 말라.

역사에서 배우기

모든 사람들이 좋아하는 그림을 그리고 싶은 화가가 있었다. 화가는 자신이 그린 그림을 시장에 전시했다. 그리고 그림 옆에 메모와 함께 연필 한 자루를 놓아두었다.

'누구든 제 그림을 보고 부족한 부분이 있으면 표시해 주세요.'

저녁이 되어 그림을 다시 집으로 가져와 보니 그림 위에 연필 자국이 가득했다. 어느 한 구석 빈 곳이 없었다. 화가는 기분이 몹시 상했을 뿐 아니라, 실망이 매우 컸다. 그래서 화가는 방법을 바꾸어 다시 한 번 테스트를 하기로 했다.

화가는 같은 그림을 다시 시장으로 가져가 전시했다. 그러나 이번엔 이렇게 메모를 남겼다.

'누구든 제 그림을 보고 마음에 드는 부분이 있으면 표시해 주세요.'

화가가 그림을 집에 가져와 보니 그림 전체에 연필 자국이 가득했다. 표시된 부분은 지난번 부족하다고 지적받았던 부분과 거의 동일했다. 그러나 이번에는 칭찬과 격려의 표시였다.

우리는 다른 사람의 생각을 바꿀 수 없다. 우리가 바꿀 수 있는 것은 나 자신뿐이다. 누구나 자신만의 생각과 관점이 있다. 그렇기 때문에 모든 사람에게 다 잘 보이려 하는 것은 바보 같은 짓이며 그럴 필요도 없다. 오로지 남들의 눈에 들기 위해 모든 에너지와 시간을 쏟아 붓지 말라. 그 시간과 에너지로 착실하게 자신의 임무에 최선을 다하라.

하늘은 사람이 추운 것을 싫어한다 해서 겨울을 없애지 않는다. 땅은 사람이 넓고 먼 것을 싫어한다 해서 그 광활함을 없애지 않는다. 군자는 소인배가 소란을 피운다고 하여 자신의 덕행을 접지 않는다. 하늘에는 하늘의 운행 법칙이 정해져 있고, 땅에는 땅의 운행 법칙이 정해져 있듯 군자에게도 정해진 행동 원칙이 있다. 군자는 자신의 행동 원칙에 따르지만, 소인배는 이해득실에 따라 계산적으로 행동한다.

순자 · 천론

사람은 반드시 주관이 있어야 한다

일에 앞서 미리 생각하고, 우환에 앞서 미리 대비하라

"선사려사先事慮事, (…) 선환려환先患慮患."

순자 · 대략大略

일이 발생하기 전에 미리 일에 대한 계획을 세워 두고, 우환이 발생하기 전에 미리 우환에 대비해 두어야 한다.

모든 일을 미리 생각해 두어야 한다. 만약 평소에 충분히 준비해 두지 않고 일이 닥친 후에야 대응책을 생각하려면 이미 늦다. 살다보면 우리 뜻대로 할 수 없는 온갖 불행과 재난이 시도 때도 없이 밀려온다. 일이 생기기 전에 미리 생각해 두면 일을 원만하게 해결할 수 있고, 우환이 일어나기 전에 미리 대비해 두면 우환을 피할 수 있다.

성공을 위해서는 반드시 멀리 내다볼 수 있어야 한다. 이것은 유가에서도 또한 중시하는 내용 중 하나이다.

공자는 "멀리 생각하지 않으면 반드시 가까운 곳에 근심이 있다"라고 말했다.

순자 또한 말하길 "일이 발생하기 전에 미리 일에 대한 계획을 세워두고, 우환이 발생하기 전에 미리 우환에 대비해 두어야 한다"라고 말했다.

순자의 말 속에는 다음의 두 가지 의미가 들어 있다.

(1) 일이 닥치기 전에 미리 생각하라

순자는 "일이 발생하기 전에 미리 생각해 두는 것을 신속하다고 말한다. 신속하면 일을 순조롭게 성공시킬 수 있다"라고 말했다.

『예기』「중용中庸」에서는 "어떤 일이든 사전에 미리 준비를 해두어야 성공할 수 있으며, 그렇지 않으면 실패할 것이다"라고 되어 있다.

모든 일을 미리 생각해 두어야 한다. 만약 평소에 충분히 준비해 두지 않고 일이 닥친 후에야 대응책을 생각하려면 이미 늦다. "평소에 정성 들여 향을 피우지 않고 급할 때 부처님 발을 껴안는다" "목마를 때 우물 판다"라는 말처럼 뒤늦은 행동은 절대 성공하지 못한다.

학문을 닦는 사람이 지혜가 부족한 것은 평소 책을 많이 읽지 않기 때문이다. 또한 사업을 하는 사람이 기회를 잡지 못하는 것은 평소에 충분히 준비해 두지 않았기 때문이다.

순자는 "일이 닥치고 나서야 방법을 생각하는 것을 낙오라 한다. 낙오되면 일을 성공시킬 수 없다"라고 말했다. 그러므로 어떤 일을 하든지 충분히 준비해 두는 유비무환 정신이 필요하다.

"일이 닥치기 전에 미리 생각하라"라는 말에는 "사전에 미리 계획하라"라는 의미도 있다. 어떤 일이든 빈틈없이 완벽한 계획을 세워 두어야 보다 쉽게 성공할 수 있다.

(2) 우환이 닥치기 전에 미리 대비하라

순자는 "우환이 생기기 전에 우환에 대비하는 것을 예견이라 한다. 예견이 있으면 우환이 일어나지 않는다"라고 말했다.

순자가 여기에서 말하고자 하는 것은 유비무환 정신이다. 이는 안정적인 상황에 처해 있을 때 혹시 모를 위기에 대비해 두어야 한다는 것이다.

살다 보면 우리 뜻대로 할 수 없는 온갖 불행과 재난이 시도 때도 없이 밀려온다. 그렇기 때문에 우리는 평화롭고 안정적인 상황에서도 항상 신중함을 기하면서 뒷일을 미리 대비하며 늘 경각심을 잃지 않아야 한다. 그래야 불행이 닥쳤을 때 당황하지 않을 수 있다. 그렇지 않으면 작게는 일을 그르치고 크게는 생명을 잃을 수도 있다.

순자는 "피라미나 방어는 물 위로 올라와 햇볕 쪼이기를 좋아한다. 그러나 모래밭에 걸리고 나서야 다시 물속을 그리워하지만 이미 때는 늦었다. 우환이 닥친 후 아무리 신중하게 생각해도 전혀 도움이 되지 않는다"라고 말했으며, 또한 "우환이 닥친 후 방법을 생각하는 것을 곤궁이라 한다. 곤궁하면 우환을 막을 수 없다"라고 말했다.

편안할 때 위기를 생각하지 않으면 편안한 생활에 젖어들어 자신의 삶이 영원히 평화로울 것이라는 환상에 사로잡히기 쉽다. 절대 가만히 앉아서 위기를 기다리지 말라. 반드시 우환이 닥치기 전에 미리 대비하라.

역사에서 배우기

주나라 무왕은 상나라를 멸했으나 상나라 주紂왕의 아들 무경武庚을 죽이지 않고 은군殷君으로 봉하여 옛 상나라 도읍을 다스릴 수 있게 해주었다. 그러나 무경에 대한 경계를 늦추지 않고 자신의 동생 관숙管叔, 채숙蔡叔, 곽숙霍叔에게 각각 옛 상나라 도읍의 동쪽, 서쪽, 북쪽 지역의 땅을 주어 무경과 상나라 유민을 감시토록 했다. 그래서 이 세 사람을 '삼감三監'이라 불렀다.

무왕의 동생 주공 단旦과 태공太公, 소공召公은 무왕을 도와 상나라를 멸망시키는 데 큰 공을 세운 개국 공신이었다. 무왕은 세 사람을 자신의 곁에 두고 국정을 펼쳤는데 이중에서도 주공 단을 가장 총애했다.

2년 후 무왕이 갑자기 큰 병에 걸리자 신하들은 모두 근심 걱정에 휩싸였다. 무왕에 대한 충심이 남달랐던 주공 단은 특별히 주나라 종묘에 제사를 지냈다. 이때 그는 형님을 대신해 자신의 목숨을 내놓겠다는 기도를 올리며 무왕의 쾌유를 빌었다. 제사가 끝난 후 주공 단은 부하에게 명하여 제문을 봉해 석실에 감추도록 하고 철저히 입단속을 시켰다.

주공 단이 제사를 올린 뒤 얼마 지나지 않아 신기하게도 무왕의 병세가 잠시 호전되었지만 얼마 지나지 않아 무왕은 세상을 떠났다. 그후 나이 어린 태자 희송姬誦이 왕위에 오르고 주공 단은 무왕의 유언대로 섭정을 시작했다.

주공 단이 섭정을 시작하자 관숙을 비롯한 무왕의 동생들은 주공 단을 시기하기 시작했다. 그래서 이들은 주공 단이 성왕成王의 왕위를 찬탈하려 한다는 유언비어를 퍼뜨렸다. 이 소문은 금세 성왕의 귀에까지 흘러들어갔고 성왕은 주공 단을 의심하기 시작했다. 주공 단은 이 사실을 알고 태공과 소공에게 "만약 내가 관숙 등을 치지 않으면 무슨 낯으로 선왕을 뵙겠소!" 라고 말했다.

그러나 주공 단은 관숙 등을 토벌할 계획을 당장 추진할 수 없었기 때문에 일단 서오앙의 의심을 거두기 위해 호경(鎬京, 주나라 도읍)을 떠나 낙읍 洛邑으로 갔다.

무경은 주나라가 상나라를 멸망시킨 일에 원한이 맺혀 있었다. 무경은 주나라 왕족들 간에 세력 다툼이 발생하자 당장 관숙 등 삼감에게 사람을 보내어 그들과 주공 단의 사이를 이간질했다. 이와 동시에 무경은 군대를 일으킬 준비를 시작했다. 주공 단은 낙읍에서 지내는 2년 동안 무경과 삼감의 음모를 밝혀낸 후 이 내용을 은유적으로 표현한 시를 지어 성왕에게 보냈다. 다음은 '묘두응(猫頭鷹, 부엉이)' 이란 제목의 이 시 앞부분이다.

묘두응아! 묘두응아!
너는 이미 나의 새끼를 빼앗아 갔으니 더 이상 내 집을 망가뜨리지 말아다오.
내가 얼마나 힘들게 고생했는지 아느냐. 새끼들을 키우느라 이미 지쳐버렸다.
아직 하늘에서 비가 내리지 않으니,
나는 서둘러 나무껍질을 벗겨야겠다.
그리고 서둘러 창문을 고쳐야겠다.
아래에는 사람이 있으니, 언제 우리를 괴롭힐지 모른다.

이 시는 어미 새의 구슬픈 울부짖음을 빌어 주공 단이 국사를 걱정하는 마음을 표현하고 있다. 이 시에 등장하는 묘두응이란 바로 무경을 가리키는 것이다.

　그러나 나이 어린 성왕은 이 시 안에 담긴 진정한 뜻을 헤아리지 못하였으니 주공 단의 진심은 그대로 묻히고 말았다. 그러나 얼마 뒤 성왕은 우연히 석실에서 주공 단이 남긴 제문을 발견하고 드디어 그의 진심이 무엇인지 알게 되었다. 그리하여 성왕은 당장 사람을 보내 주공 단을 호경으로 불러들였다. 성왕은 그때서야 무경과 삼감의 음모를 알게 되었고 주공 단에게 그들을 토벌하도록 명했다. 결국 무경, 관숙, 곽숙은 죽임을 당하고, 채숙은 유배지에서 죽었다. 이후 주나라는 나라의 기초를 바로 잡아 태평성세를 이어갔다.

비가 내리기 전에 창문을 수리하고, 둥지를 견고히 한다는 비유를 통해 유비무환의 정신을 표현한 옛말이 있다. 이것은 모두 사전에 미리 준비를 해 두어야 우환을 방지할 수 있다는 뜻이다. 주공 단은 이러한 이치를 잘 알고 있었다. 그가 만약 사전에 미리 대비를 해 두지 않았다면 성왕 또한 비참한 결말을 맞이했을 것이다.

피라미나 방어는 물 위로 올라와 햇볕 쪼이기를 좋아한다. 그러나 모래밭에 걸리고 나서야 다시 물속을 그리워하지만 이미 때는 늦었다. 우환이 닥친 후 아무리 신중하게 생각해도 전혀 도움이 되지 않는다.

순자 · 영욕

일에 앞서 미리 생각하고, 우환에 앞서 미리 대비하라

하늘을 원망하고 남을 탓하지 말라

"원인자궁怨人者窮, 원천자무지怨天者無志."

순자 · 영욕榮辱

남을 탓하는 사람은 항상 곤경에 처하고, 하늘을 원망하는 사람은 발전하지 못한다.

지혜로운 사람은 하늘을 원망하거나 남을 탓하지 않는다. 지혜로운 사람은 어떤 일이든 객관적인 조건의 차이를 제외하고 모두 자신의 행동에 따라 결과가 만들어진다는 것을 알기 때문이다. 하늘을 원망하고 남을 탓하면 결국 자신의 이미지를 훼손시킬 뿐이고 득보다 실이 훨씬 크다.

순자는 이렇게 말했다.

"자신을 아는 지혜를 지닌 사람은 남을 탓하지 않고, 운명을 아는 사람은 하늘을 원망하지 않는다. 남을 탓하는 사람은 항상 곤경에 처하고, 하늘을 원망하는 사람은 발전하지 못한다."

하늘을 원망하고 남을 탓하는 것은 우리의 정신에 독약이 흘러드는 것과 같다. 시간이 지날수록 더 큰 고통이 다가올 것이며 분발하여 앞으로 나아갈 수 있는 에너지는 점점 사라져 결국 고통의 악순환이 반복될 것이다.

항상 세상에 대한 원망에 가득 차 있는 사람은 늘 세상이 불공평하다고 생각한다. 그리고 하늘이 자신을 도와 억울한 일을 풀어주고 그동안의 고통을 보상해 주길 바란다. 이것으로 보아 하늘을 원망하고 남을 탓하는 행동은 이미 일어난 일에 대한 심리적인 반항의 표현일 뿐이다.

하늘을 원망하고 남을 탓하면 결국 자신의 이미지를 훼손시킬 뿐이고 득보다 실이 훨씬 크다. 불공평하고 잘못된 일이 있을 때 하늘을 원망한다고 해서 문제가 해결되지는 않는다. 하늘을 원망하는 일은 금방 습관이 될 것이고, 이것이 습관이 된 사람은 자신은 항상 불공평한 일만 겪는 피해자라고 생각하게 된다. 그리고 점점 이 사회의 피해자 역할에 익숙해진다. 일이 잘못될 때마다 항상 밖에서 핑계거리를 찾아 자신을 변호하는 데 급급해 한다.

습관적으로 하늘을 원망하고 남을 탓하는 사람은 자신을 불쌍하다고 생각하곤 한다. 이것 역시 나쁜 습관 중 하나이다. 이런 부류의 사람들은 괴로움 속에서 오히려 안정감을 느낀다. 원망과 스스로를 가련히 여기는 습관으로 인해 이들은 자신이 불행하고 가련한 사회의 희생양이라고 생각한다.

항상 세상의 불공평에 분노하는 사람은 자신이 스스로 일어나 강해질 수 있다고는 상상조차 하지 못한다. 하늘을 원망하고 남 탓만 하는 사람은 자신의 운명을 남의 손에 넘겨 버리고, 자신의 감정과 행동까지 다른 사람에게 조종당한다. 하늘을 원망하고 남 탓만 하는 사람에게 도리란 찾아볼 수 없다. 무도덕과 무례가 독사처럼 이들을 휘감고 있다. 누군가 즐거움을 주어도 이들은 하늘을 원망하고 남을 탓한다. 상대방이 준 즐거움이 자신이 원하는 방식과 다르기 때문이다. 누군가 이들의 가치를 인정해 주어도 이들은 하늘을 원망하고 남을 탓한다. 이들은 일이 뜻대로 되지 않으면 곧바로 하늘을 원망하거나 남을 탓한다. 이들은 세상이 자신에게 주어야 할 것을 주지 않는다고 생각하기 때문이다.

사실 하늘을 원망하고 남을 탓하게 되는 것은 인간의 자연스러운 정서적인 반응 중 하나이다. 그렇기 때문에 이런 감정을 자제하고 극복할 수 있는 것은 자신뿐이다. 하늘을 원망하고 남을 탓하고 자신을 불쌍히 여기는 것은 성공이나 행복을 이루는 데 전혀 도움이 되지 않는다는 사실을 분명히 알아야 한다. 그러므로 우리는 이런 감정을 자제하고 바꾸어나가도록 최선의 노력을 다해야 한다.

순자는 이렇게 말했다.

"모든 잘못은 자신에게서 비롯되는데 왜 다른 사람을 탓하는가? 이것은 대단한 착오가 아니겠는가?"

역사에서 배우기

성공한 사업가 윌슨은 아주 평범하고 보잘것없는 직원으로 시작하여 오랫동안 열심히 노력한끝에 드디어 자기 회사를 갖게 되었다.

어느 날 사무실에서 나와 거리를 걷던 윌슨은 등 뒤에서 '탁탁탁' 하는 소리를 들었다. 이것은 맹인들이 걸어 다니면서 지팡이로 바닥을 두드리는 소리였다. 윌슨은 잠시 멈칫했다가 천천히 뒤로 돌아섰다.

맹인은 앞에 사람이 있음을 알고 황급히 앞으로 나서며 말했다.

"존경하는 선생님, 보시다시피 저는 불쌍한 장님입니다. 저에게 잠시 시간을 내 주시겠습니까?"

윌슨은 이를 허락했다.

"중요한 고객과 약속이 되어 있어 가 봐야 하니, 최대한 빨리 말해 보시오."

맹인은 잠시 주머니를 뒤적이더니 라이터 하나를 꺼내었다.

"선생님, 이 라이터를 2달러에 사 주십시오. 이건 아주 좋은 라이터라고요!"

윌슨은 맹인의 말을 듣고 한숨을 내쉬며 양복 안쪽 주머니에서 지폐를 꺼내 맹인에게 주며 말했다.

"나는 담배를 피우지 않지만 당신을 돕고 싶구려. 이 라이터는 그냥 다른 사람에게 주겠소."

맹인은 손을 더듬어 지폐를 확인하다가 그것이 100달러짜리라는 것을 알고 깜짝 놀랐다. 맹인은 손을 덜덜 떨며 다시 한 번 확인해 보았다. 그리고 감격에 겨운 목소리로 이렇게 말했다.

"선생님은 제가 만난 사람 중 가장 훌륭한 분입니다! 이렇게 인자한 부자는 없었습니다. 선생님을 위해 기도하겠습니다. 하나님께서 선생님을 보호해 주실 겁니다."

윌슨이 미소를 지으며 자리를 떠나려 할 때 맹인이 그를 붙잡고 계속

중얼거렸다.

"선생님, 사실 저는 태어날 때부터 장님이 아니었습니다. 이게 전부 23년 전 버턴에서 있었던 그 사고 때문입니다! 아주 무서운 사고였습니다!"

월슨은 이 말을 듣고 깜짝 놀라 되물었다.

"그렇다면 당신은 그 화학공장 폭발 사고 때 실명한 것이오?"

맹인은 기뻐하며 연신 고개를 끄덕였다.

"맞습니다. 맞아요! 그런데 선생님이 어떻게 그 사고를 아십니까? 그때 사고로 목숨을 잃은 사람이 93명이고 크고 작은 부상을 입은 사람이 수백 명이었습니다. 당시 아주 톱뉴스였지요."

맹인은 자신의 불행을 이용해 상대방의 동정심을 자극해서 더 많은 돈을 얻어 내려는 생각으로 더욱 처량하게 말을 이었다.

"제 인생은 정말 비참했습니다. 장님이 된 후 의지할 곳 없이 여기저기 떠돌아다니며 한 끼 먹고 한 끼 굶고를 반복했습니다. 아마 제가 죽어도 아무도 그 사실을 알지 못하겠지요."

맹인은 점점 더 감정이 격해졌다.

"아마 선생님은 사고 당시 상황이 얼마나 끔찍했는지 모르실 것입니다. 순식간에 화마가 덮쳐 왔지요. 마치 지옥에서 뿜어 나오는 불길 같았습니다. 그때 공장에 있던 사람들은 한꺼번에 출입구로 몰렸고 저도 죽을 힘을 다해 문을 뚫고 나가려 했지요. 하지만 어떤 키 큰 청년 하나가 제 등 뒤에서 '내가 먼저 나가야 해요! 나는 아직 얼마 살지 못했잖아요. 나는 죽고 싶지 않아!' 라고 외쳤습니다. 그리고 그 청년은 저를 밀어 넘어뜨리고 제 몸을 밟고 밖으로 나갔습니다. 저는 그때 정신을 잃었고 나중에 깨어나니 장님이 되어 있었습니다. 운명은 정말 잔혹합니다. 정말 불공평

해요!"

이 말을 듣고 윌슨은 아주 차가운 말투로 대꾸했다.

"그건 진실이 아닐 것이오! 당신은 거짓말을 하고 있소."

맹인은 깜짝 놀라며 보이지도 않는 두 눈으로 멍하니 윌슨을 바라보았다. 윌슨은 한마디 한마디에 힘을 주어 대답했다.

"사고 당시 나도 버턴 화학 공장의 직원이었소. 그때 바로 당신이 내 몸을 밟고 지나갔소! 당신은 나보다 키가 컸소. 그리고 나는 그때 당신이 한 말을 절대 잊을 수 없소!"

맹인은 그 자리에 바위처럼 굳어 한참 동안 아무 말 없이 서 있었다. 그러다 갑자기 윌슨에게 달려들며 미친 듯이 소리쳤다.

"그러니까 하늘이 불공평하다는 것이오! 당신은 안에 있었는데 이렇게 부자가 되었고, 나는 탈출했는데도 이렇게 쓸모없는 장님이 되었으니 말이오!"

윌슨은 힘껏 맹인의 손을 뿌리치더니 손에 쥐고 있던 지팡이를 들어 올리며 담담한 말투로 말했다.

"이것 보시오! 나 역시 장님이오. 당신은 운명을 믿는지 모르지만 나는 운명 따윈 믿지 않소!"

신체장애가 있다고 해서 인생의 모든 것을 잃은 것은 아니다. 끊임없이 노력하고 투쟁하면 반드시 승리를 얻고, 존경 받는 사람이 될 수 있다. 똑같은 맹인이라도 누구는 평생 구걸하면서 살고 또 다른 누구는 뛰어난 인재가 되었다. 이것은 절대 하늘이 정한 운명이 아니라 개인의 노력으로 만들어진 결과이다. 맹인도 할 수 있는 일이거늘 사지 멀쩡한 정상인이 어찌하여 하늘을 원망하고 남을 탓할 수 있는가?

자신을 아는 지혜를 지닌 사람은 남을 탓하지 않고, 운명을 아는 사람은 하늘을 원망하지 않는다. 남을 탓하는 사람은 항상 곤경에 처하고, 하늘을 원망하는 사람은 발전하지 못한다. 모든 잘못은 자신에게서 비롯되는데 왜 다른 사람을 탓하는가? 이것은 대단한 착오가 아니겠는가?

순자·영욕

하늘을 원망하고 남을 탓하지 말라

39 소인이 되지 말고 군자가 되라

"공자왈 孔子曰, '군자 君子, (…) 유종신지락 有終身之樂, 무일일지우 無一日之憂, 소인자 小人者, (…) 유종신지우 有終身之憂, 무일일지락야 無一日之樂也.'"

순자·자도 子道

"군자는 (…) 항상 즐겁고 단 하루도 근심에 빠지지 않는다. 소인은 (…) 항상 근심스럽고 단 하루도 즐겁지 않다."라는 뜻이다.
군자는 정직하고, 충성스럽고, 공명정대하며, 마음에 거리끼는 것이 없다. 소인은 간사하고, 비천하고, 더럽고, 극단적이고, 교활하다. 그런데 왜 군자가 되려 하지 않고 소인이 되려 하는가? 본래 사람은 누구나 군자가 되길 원했다. 그런데 소인이 된 사람은 이익에 눈이 어두워졌기 때문이다.

순자가

한비와 이사를 비롯한 여러 제자들에게 군자와 소인의 차이에 대해 설명했다. 먼저 한비가 순자에게 질문했다.
"스승님, 군자는 어떤 사람입니까?"
순자는 이렇게 대답했다.
"결론부터 말하면 군자는 예의에 밝고 몸소 실천하는 사람이다."
"군자는 넓고 깊은 지식을 쌓고 매일 자신을 돌아보고 반성한다."

"군자는 다른 사람을 존중하지만 다른 사람에게 자신을 존중해 줄 것을 강요하지 않는다."

"군자는 믿음을 중시하지만 다른 사람에게 믿음을 얻지 못한 것을 부끄러워하지 않는다."

"군자는 돈과 명예에 현혹되지 않는다."

"군자는 다른 사람을 비방하지 않으며, 다른 사람의 비방을 두려워하지 않는다."

"군자는 뇌물을 거절한다. 작게는 어린 송아지에서부터 크게는 한 나라를 준다 해도 받지 않는다."

"군자는 고상한 도덕을 지니고 있기 때문에 많은 친구를 사귈 수 있다. 군자는 친구 사이에 인의를 실천한다."

"군자는 '예'와 '의'를 위해 자신을 희생할 수 있다."

"군자는 다른 사람의 미덕을 칭찬하지만 아부는 하지 않는다."

"군자는 다른 사람의 과실을 지적하지만 일부러 트집을 잡지 않는다."

"군자의 언행은 일월처럼 모두가 우러러볼 만하다."

이번엔 이사가 순자에게 질문했다.

"스승님, 그렇다면 소인은 어떤 사람입니까?"

순자는 이렇게 대답했다.

"결론부터 말하면 소인은 이익을 좋아하고, 질투를 잘 하고, 가무와 여색을 좋아하고, 예의를 익히지 않고, 심신을 수양하지 않고, 타고난 본성을 그대로 따르는 사람이다."

"소인은 진실을 말하지 않고 믿음을 가벼이 여겨 언제나 남을 속인다."

"소인은 오직 이익을 탐하여 의롭지 못한 부를 쌓는다."

"소인은 남을 질투하여 죄를 뒤집어씌우고 모함과 다툼을 일삼는다."

"소인은 일단 권력을 손에 넣으면 안하무인이 되어 자신을 뽐내고 위세를 부린다."

"소인은 독단적인 행동을 일삼고 다른 사람의 충고를 받아들이지 않는다."

"소인은 어질고 현명한 사람을 배척하고, 자신과 뜻을 같이하지 않는 사람을 모함한다."

"소인은 오직 자신만 부귀영화를 누리려 하고 다른 사람과 나누는 기쁨을 알지 못한다."

"소인은 공공연히 범법행위를 자행하며 사회의 악이 된다."

"소인은 나라가 혼란스러울 때 부모와 군왕을 죽이고 나라를 팔아먹는다."

순자는 군자를 찬양하고 소인을 멸시했다. 순자는 이렇게 제자들에게 절대 소인이 되지 말고 군자가 되어야 함을 강조했다.

또한 순자는 공자의 말을 인용하여 군자가 되어야 함을 재차 강조했다.

"군자는 (...) 항상 즐겁고 단 하루도 근심에 빠지지 않는다. 소인은 (...) 항상 근심스럽고 단 하루도 즐겁지 않다."

군자의 인품은 존경받고, 소인의 인품은 부끄러움을 모른다. 군자는 모든 일이 순조롭게 진행되지만 소인에게는 항상 화가 끊이지 않는다. 그렇다면 우리는 군자가 되는 것을 선택해야 할까, 소인이 되는 것을 선택해야 할까? 지혜로운 사람이라면 주저 없이 정확한 답을 찾아낼 수 있을 것이다.

역사에서 배우기

이면_{李勉}은 당나라 사람으로 어려서부터 책을 좋아했을 뿐 아니라 그 안에 담긴 도리에 따라 행동했다. 이렇게 오랜 시간이 흐르자 그의 행동은 습관이 되었고 이면은 진실하고 고상한 인품을 지닌 군자가 되었다.

이면은 비록 집안은 가난했지만 이익이나 재물을 탐하지 않았다. 하루는 이면이 학문을 쌓기 위해 고향을 떠나 타지의 한 여관에 머물렀다. 이곳에서 이면은 서울로 과거를 보러 가기 위해 준비 중인 한 서생을 만났다. 두 사람은 처음 만났을 때부터 죽마고우처럼 뜻이 잘 맞아 금방 친해졌다. 그리고 거의 매일 함께 고금의 학문을 논하며 점점 더 가까워졌다.

그러던 중 서생은 갑자기 병이 나 자리에 눕고 말았다. 이면은 서둘러 의사를 청했다. 그리고 의사의 처방대로 서생을 위해 탕약을 달여 먹이며 정성껏 간호했다. 이면이 몇날 며칠 동안 이렇게 서생 곁을 떠나지 않고 정성껏 그를 돌보았다. 그러나 서생의 병세는 전혀 좋아지지 않았고 오히려 악화되어 가기만 했다. 이면은 하루하루 약해지는 서생을 보며 초조함을 감출 수 없었다. 가만히 앉아만 있을 수 없었던 이면은 여기저기 돌아다니며 여러 가지 민간요법을 배워오기도 하고 하루가 멀다 하고 산 위에 올라가 약방에서 구할 수 없는 약초들을 캐오기도 했다.

그러던 어느 날 밤 약초를 캐고 돌아온 이면은 가장 먼저 서생의 방에 들렀다가 서생의 얼굴에 화색이 도는 것을 보았다. 이면은 너무 기쁜 나머지 당장 침상 곁으로 달려가 말했다.

"형님, 몸이 좀 어떠십니까?"

"아마도 내게 남은 시간이 얼마 되지 않는 것 같네. 지금 기운을 차린 건 아마도 태양이 지기 전에 잠시 빛나는 것일 테지. 죽기 전에 동생에게 부탁할 일이 있네."

이면은 서생을 위로하며 이렇게 말했다.

"형님, 그런 쓸데없는 생각하지 마세요. 오늘 이렇게 화색이 도는 것을 보니 몸이 많이 좋아진 것입니다. 계속해서 몸을 잘 보양하면 병이 곧 나을 것입니다. 형님, 할 말이 있으면 어서 말씀하세요."

"내 침상 밑에 있는 작은 나무 상자를 꺼내 주겠나?"

이면은 서생이 시키는 대로 나무 상자를 꺼냈다. 서생은 상자 안에 있는 주머니를 가리키며 말했다.

"내가 누워 있는 동안 정성스럽게 보살펴 주어 정말 고맙네. 여기에 은자 백 냥이 들어 있네. 원래 과거를 보러 갈 때까지 여비로 쓰려던 것이었지만 이제 필요 없게 되었네. 내가 죽으면 수고스럽겠지만 이 돈을 가지고 관을 준비해 주겠나? 그리고 나머지 돈은 모두 자네에게 주겠네. 내 마음이라 생각하고 꼭 받아 주어야 하네. 만약 자네가 이 돈을 받지 않으면 나는 저 세상에 가서도 마음이 편치 못할 것이야."

이면은 서생을 안심시키기 위해 돈을 받겠노라고 대답할 수밖에 없었다. 다음 날 새벽, 서생은 정말 세상을 떠났다. 이면은 서생이 남긴 유언에 따라 관을 준비하고 정성껏 장례를 치렀다. 그리고 모든 뒤처리를 하고 남은 돈은 한 푼도 빼놓지 않고 아무도 모르게 관 속에 넣어두었다.

얼마 후 서생의 가족들이 이면이 보낸 서신을 받고 여관으로 찾아왔다. 고향으로 관을 옮겨간 서생의 가족들은 다시 장례를 치르면서 관속에 들어 있던 은자를 발견하고 깜짝 놀랐다. 자세한 사정을 알게 된 서생의 가족들은 이면의 진실함과 신의, 그리고 재물을 탐하지 않는 고상한 인품에 크게 감동했다.

훗날 이면은 조정의 높은 관직에 오른 후에도 청렴결백한 성품과 신의를 목숨처럼 귀히 여겼다. 그리하여 백성들과 문무백관들로부터 높은 신망과 존경을 한 몸에 받았다.

이면은 두말할 것 없이 분명한 군자이다. 천 년이 넘는 세월이 흐르는 동안 정의와 선은 군자에게 살아가는 힘을 주었고 평화와 아름다움, 진실한 인연은 군자의 위엄을 드러내주는 표상이 되어 왔다. 그러므로 사람은 반드시 언행이 일치하고 명예와 이익을 하찮게 여겨야 한다. 특히 관직에 있는 자는 아첨하는 말을 곧이곧대로 믿지 말아야 하고 재물에 현혹되어 지혜를 흐리지 말아야 한다. 평생토록 맑고 바른 생각과 굳은 마음을 잃지 말아야 한다.

자로가 공자에게 "군자도 근심이 있습니까?"라고 물었다. 공자는 이렇게 대답했다. "군자는 관직을 얻지 못했을 때 심신 수양을 낙으로 삼는다. 관직을 얻은 후에는 자신의 뜻을 펼치는 것을 낙으로 삼는다. 그러므로 군자는 항상 즐겁고 단 하루도 근심에 빠지지 않는다. 소인은 관직을 얻기 전에는 관직을 얻지 못한 것을 걱정하고, 관직을 얻은 후에는 관직을 잃을까 걱정한다. 그러므로 소인은 항상 근심스럽고 단 하루도 즐겁지 않다."

순자 · 자도

소인에게 예의를 지키되 멀리하라

"인현이불경 人賢而不敬, 즉시금수야 則是禽獸也.
인불초이불경 人不肖而不敬, 즉시압호야 則是狎虎也."

순자 · 신도臣道

어질고 덕을 지닌 사람을 존경하지 않는 것은 짐승과 같다. 능력과 덕이 없는 사람을 존중하지 않는 것은 호랑이를 희롱하는 것과 같다.

인간관계를 맺을 때 소인에게 원한을 사면, 소인은 수단과 방법을 가리지 않고 일을 방해할 것이다. 또한 에너지를 분산시켜 마음 놓고 일이나 공부, 일상생활에 몰두할 수 없게 한다. 그러므로 소인을 대할 때 반드시 예의를 지키되 멀리 해야 하며, 두려운 마음으로 대비를 해야 한다.

순자는 이렇게 말했다.

"다른 사람을 공경하는 데는 원칙이 있어야 한다. 어질고 덕을 지닌 사람은 존귀하게 공경해야 하고, 능력과 덕이 없는 사람은 조심스럽게 공경해야 한다. 어질고 덕을 지닌 사람은 가족처럼 존경해야 하고, 능력과 덕이 없는 사람은 공경하되 멀리해야 한다."

사람은 대략 군자와 소인 두 부류로 나누어 볼 수 있다. 현대 사회에는 온갖 다양한 인간상이 공존한다. 우리 주변에는 여러 종류의 소인이 있고, 우리는 매일 소인배에게 둘러싸여 살아가고 있다고 해도 과언이 아니다. 우리는 소인을 뼈에 사무치게 미워하지만 그들을 어찌할 도리는 없다.

군자와 소인은 함께 지낼 수도, 함께 일을 도모할 수도 없다. 군자는 거리낄 것 없는 넓은 마음으로 항상 올바른 일에 힘쓰며 치밀하게 일을 준비한다. 그러나 소인은 항상 남몰래 일을 꾸미고 나쁜 일에 힘쓰며 아무도 모르게 모략을 만들어 내어 상대방이 대비하지 못하게 한다. 이 때문에 군자는 소인을 경외시한다. 경敬이란 예의를 지키면서 멀리하는 것이고, 외畏란 두려운 마음으로 미리 대비한다는 뜻이다.

소인을 대할 때, 그들을 무시하고 깔볼 수는 있지만 절대 그들의 감정을 건드려서는 안 된다. "소인을 상대로 원수를 맺지 말라. 소인에게는 그에게 맞는 상대가 있다"라는 말이 있다. 자연계의 생물은 각각 천적이 있기 마련이다. 새는 벌레를 잡아먹고, 고양이는 쥐를 잡아먹는다. 이와 같은 법칙이 존재하기 때문에 생태계는 평형을 이룰 수 있다. 아무리 사납고 무서운 동물이라도 그것을 제압할 수 있는 또 다른 동물이 존재한다. 인간 세상도 다르지 않다. 악인에게는 악인의 고통이 있기 마련이다. 소인배는 소인배로 제압해야 하니 우리는 소인배와 원수를 맺을 필요가 없다. 우리는 소인배의 독수를 최대한 멀리 피하는 것이 좋다. 그러나 이런 소인배는 어디에나 있기 마련이니, 이들을 대할 때는 반드시 조심스럽게 행동해야 한다. 소인배를 대하는 법은 예의를 지키면서 멀리하는 것이다.

이외에도 소인배를 대할 때는 반드시 두려운 마음으로 대비하는 것을 잊지 말아야 한다. 소인배들은 항상 다른 사람을 괴롭히는 것을 즐긴다. 즐거운 나머지 피곤한 줄도 모른다. 이들이 이렇게 하는 이유는 뭔가 원하는 것이 있기 때문이다. 다른 사람에게 손해를 입히는 동시에 자신에게는 이익이 된다. 이들은 아주 작은 이익도 놓치지 않는다. 혹은 이익이 없어도 남을 음해하는데 이는 다른 사람이 자신을 이기지 못하도록 하기 위함이다. 이들은 이렇게 함으로써 심리적인 안정감을 얻는다. 소인배는 다른 사람을 괴롭히는 일에는 일가견이 있다. 이들은 작은 원한을 되갚기 위해 어떤 대가도 마다하지 않는다. 소인배들은 항상 두 눈을 크게 뜨고 우리 주변에 존재하는 크고 작은 이익을 주시하며 항상 남들보다 더 많은 이익을 얻기 위해 안간힘을 쓴다. 이들은 간혹 수단과 방법을 가리지 않고 막대한 대가를 치르면서까지 상대방을 음해한다. 그렇기 때문에 우리는 항상 소인배에 대한 방비가 필요하다.

　소인배를 대할 때 필요한 세 번째는 인내심을 기르는 것이다. 소인배와 문제가 생기고 다툼이 일어났을 때엔 일단 먼저 참아야 한다. 순간적인 감정의 폭풍이 지나가길 기다리며 한 걸음 뒤로 물러서야 소인의 감정을 건드려 불필요한 문제를 일으키지 않을 수 있다. 작은 불편이나 불이익은 기꺼이 감수하는 것이 현명하다.

역사에서 배우기

이임보李林甫는 당唐나라 현종玄宗에게 그림자처럼 붙어 지냈던 간신으로 매우 옹졸하여 다른 사람이 현종의 총애를 받는 것을 절대 용납하지 못했다. 당시 현종은 외모가 준수하고 기골이 장대하고 기개와 도량이 뛰어난 인물을 아주 좋아했다.

어느 날 현종이 이임보와 함께 후원을 산책하다가 멀리에서도 한 눈에 알아볼 만한 훌륭한 용모와 기개를 지닌 장군이 지나가는 것을 보았다. 그 순간 현종은 저도 모르게 "저 장군은 정말 잘 생겼구나!" 라며 감탄을 금치 못했다. 그리고 옆에 있던 이임보에게 그 장군이 누구인지 물었으나, 이임보는 잘 모르겠다며 일부러 말을 얼버무렸다. 이임보는 현종이 그 장군을 총애하게 될까봐 불안했던 것이다.

이 일이 있은 후 이임보는 암암리에 손을 써 현종이 마음에 들어 한 그 장군을 아주 먼 변방으로 전근시켜 두 번 다시 현종의 눈에 띄는 일이 없게 만들었다.

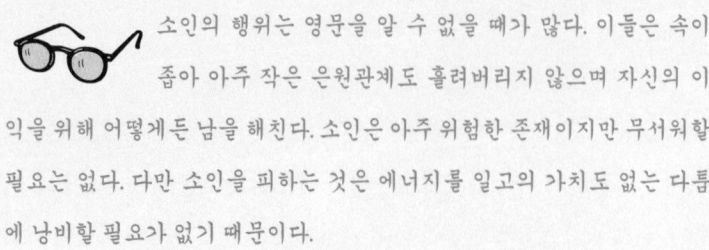
소인의 행위는 영문을 알 수 없을 때가 많다. 이들은 속이 좁아 아주 작은 은원관계도 흘려버리지 않으며 자신의 이익을 위해 어떻게든 남을 해친다. 소인은 아주 위험한 존재이지만 무서워할 필요는 없다. 다만 소인을 피하는 것은 에너지를 일고의 가치도 없는 다툼에 낭비할 필요가 없기 때문이다.

어질고 덕을 지닌 사람은 반드시 다른 사람을 존중할 줄 안다. 어질지 않고 덕이 없는 사람은 곧 재능이 없기 마련이다. 어질고 덕을 지닌 사람을 존경하지 않는 것은 짐승과 같다. 능력과 덕이 없는 사람을 존중하지 않는 것은 호랑이를 희롱하는 것과 같다. 사람이 짐승처럼 분별없이 행동하면 잠자는 호랑이의 수염을 건드려 화를 자초하게 될 수 있다.

순자·신도